Niklas F.L. Graf von Galler

Das Badische Oberland im Jahre 1785

Niklas F.L. Graf von Galler

Das Badische Oberland im Jahre 1785

ISBN/EAN: 9783744614054

Hergestellt in Europa, USA, Kanada, Australien, Japan

Cover: Foto ©ninafisch / pixelio.de

Weitere Bücher finden Sie auf **www.hansebooks.com**

Badische Neujahrsblätter

herausgegeben
von der
Badischen Historischen Kommission.

Drittes Blatt 1893.

Das Badische Oberland im Jahre 1785.

Reisebericht eines österreichischen Kameralisten

mitgeteilt
von
Bernhard Erdmannsdörffer.

Karlsruhe.
Druck und Verlag der G. Braun'schen Hofbuchhandlung.
1893.

Vorwort.

Den Inhalt des vorliegenden dritten „badischen Neujahrsblattes" bildet die bisher nicht gedruckte Beschreibung einer kameralistischen Studienreise, die im Sommer und Herbst 1785 ein junger österreichischer Edelmann, Graf Niklas Galler, durch das badische Oberland unternahm.

Die Handschrift, welche hier zum Abdruck gebracht wird, fiel mir vor einiger Zeit in dem k. k. Haus-, Hof- und Staatsarchiv zu Wien in die Hände, als ich die dort befindlichen badischen Akten zur Geschichte des Markgrafen Karl Friedrich zu durchforschen hatte. Ein sauber geschriebenes Heftchen*, vermutlich von der eigenen Hand des Verfassers; aber in den Akten, bei denen es lag, fehlte jeder Nachweis über seine Herkunft und Bestimmung; ebenso wenig war im Wiener Archiv über die Person dieses Grafen Galler (der sich am Schluß der Reisebeschreibung ohne einen Vornamen unterzeichnet) irgend etwas ausfindig zu machen. Die dürftigen Nachrichten, die sich in Kneschke's deutschen Grafenhäusern S. 259 über die Familie der Grafen Galler finden, gewährten gleichfalls keinen Anhalt, um die Person unseres Reisenden zu bestimmen. Auch das Karlsruher Archiv gab keinen Aufschluß; badischer Beamter war er offenbar nicht; nur eine kurze Notiz fand sich vor, daß am 8. Juli 1784 ein Graf Galler sich bei Hofe habe melden lassen; nichts weiter**.

Besseren Erfolg hatten meine Nachfragen in zwei österreichischen Provinzialarchiven. Ich verdanke den sehr gefälligen Mitteilungen des Archivars des Geschichtsvereins für Kärnten, Herrn A. Ritter von Jaksch in Klagenfurt und des Herrn k. k. Regierungsarchivars Friedrich Pirckmayer in Salzburg die den bezüglichen Archiven entnommenen biographischen Notizen, welche es ermöglichten, die Person des Verfassers unserer Reisebeschreibung festzustellen und zugleich die Verhältnisse kennen zu lernen, die zu ihrer Entstehung Veranlassung gaben.

Die Grafen von Galler sind eine alte in Steiermark, Kärnten und Krain

---

* Eine Abschrift desselben befindet sich jetzt in dem Generallandesarchiv in Karlsruhe.
** Gütige Mitteilung des Herrn Archivrat Dr. Obser aus dem Hoftagebuch des Kammerfouriers Epple von obigem Datum.

ansässige Familie. Graf Niklas Franz Lambert von Galler, von dem hier zu berichten ist, war der am 17. September 1761 geborene Sohn des Grafen Sigmund Galler, welcher k. k. Kämmerer und Rat bei der Landeshauptmannschaft des Herzogtums Kärnten war und hier die Herrschaft Freudenberg besaß. Im Herbst 1776 wurde Graf Niklas in das Kollegium in Innsbruck geschickt; drei Jahre darauf siedelte er nach Salzburg über und setzte seine Studien bis zum November 1782 an der dortigen Benediktineruniversität fort. Es scheint, daß er hier die Gunst und Unterstützung des damaligen Fürst-Erzbischofs Colloredo fand, der früher Bischof von Gurk gewesen war und von daher vielleicht Beziehungen zu seiner Familie hatte. Der junge Graf Niklas Galler war offenbar ein eifriger und strebsamer Studierender und zeigte Eigenschaften, die es dem Erzbischof erwünscht scheinen ließen, ihn künftig in seine Dienste zu ziehen. Es entsprach einer Übung jener Zeit, daß junge Männer von Stande, die zu einer höheren Beamtenlaufbahn bestimmt waren, von der Regierung für einige Jahre auf Reisen und auf auswärtige Universitäten geschickt wurden, um Welterfahrung zu sammeln und ihre Studien zu vervollkommnen; und so ist es nicht unwahrscheinlich, daß auch Graf Niklas Stipendiat des Erzbischofs Colloredo war, als er 1782 sich auf Reisen begab und zunächst die Universität Straßburg besuchte. Hier blieb er bis zum Sommer 1784.

In welcher Richtung sich seine Studien und Interessen bewegten, darüber giebt unsere Reisebeschreibung deutliche Auskunft. Er selbst nennt sich einen „Kameralisten", und wenn es somit seine Aufgabe war, sich über Verwaltungswesen im ausgedehntesten Sinne neben den theoretischen auch praktische Kenntnisse anzueignen, so ist es begreiflich, daß das Studium auf der elsässischen Hochschule allein ihm nicht genügen konnte. Anfangs Juli 1784 verließ er Straßburg und begab sich nach Karlsruhe; er hat (nach Ausweis von Aufzeichnungen seiner Mutter, im Archiv zu Klagenfurt) von da an bis Ende Mai 1786 in badischen Landen seinen Aufenthalt gehabt.

Irre ich nicht, so ist hierin doch eine bemerkenswerte Thatsache enthalten. Der junge österreichische Kameralist, der durch Studien und Reisen sich reif machen soll, um künftig in der Landesverwaltung des Salzburger Erzbistums eine Stelle einzunehmen, bringt einen großen Teil seiner Reisezeit in Baden zu und ist hier eifrig beflissen, die Zustände dieses Landes und die Weise seiner Verwaltung bis in's kleinste Detail kennen zu lernen. Die Wahl dieses Studienfelds war jedenfalls nicht Willkür oder Zufall; wir erkennen aus unserem Reisebericht, daß dem jungen Reisestudenten Berichterstattung über gewisse einzelne Zweige der badischen Verwaltung ganz ausdrücklich aufgegeben war z. B. über die Behandlung des Bergbaus. Offenbar vielmehr genoß (worüber es ja auch an anderen Zeugnissen nicht fehlt) die aufgeklärte, humanitäre und reformfreundliche Regierungsweise Karl Friedrichs und seines trefflichen Beamtentums eines so ausgebreiteten Rufes, daß auch jener

Salzburger Kirchenfürst für seinen jungen Schützling dort die ausgiebigste Belehrung erwartete. Das Baden Karl Friedrichs erscheint auf diese Weise, in den Augen der Zeitgenossen, gleichsam als eine hohe Schule für das praktische Studium einsichtiger Staatsverwaltung.

Wir sind nicht darüber unterrichtet, wie der junge Graf Galler seinen Aufenthalt in Karlsruhe im einzelnen benutzt hat. Es ist nicht ersichtlich, ob er mit dem Markgrafen Karl Friedrich selbst in persönliche Berührung trat. Aber offenbar hat man ihm sein Studium auf jede Weise erleichtert, ihm die Teilnahme an Sitzungen der Behörden und selbst Einsicht in die Akten gestattet (wie auch aus unserem Reisebericht hervorgeht); er knüpfte instruktive Bekanntschaft an mit den für seinen Zweck wichtigsten Mitgliedern des Beamtenstandes, und es scheint, daß er in diesem Kreis eine wohlgelittene Persönlichkeit war.

Im Sommer 1785 unternahm er die Studienreise in das badische Oberland, deren Beschreibung uns die Veranlassung geboten hat, uns mit ihm bekannt zu machen. Der Zweck dieser sorgfältigen Aufzeichnung läßt sich hiernach mit ziemlicher Wahrscheinlichkeit vermuten: der Verfasser hatte die Aufgabe, der salzburgischen Regierung einen solchen Bericht einzusenden als ein Specimen für die erfolgreiche Führung seiner Studien und zugleich wohl als eine Art von Befähigungsnachweis für seine Anstellung im praktischen Verwaltungsdienst des Erzbistums. Durch irgend welchen Zufall wird das Schriftstück dann nach Wien gekommen und unter die badischen Akten des dortigen Archivs geraten sein.

Jener Nachweis nun — um mit einigen Worten noch die weiteren Schicksale unseres Kameralisten zu berühren — ist in Salzburg offenbar als erbracht angesehen worden. Einige Wochen nach der Vollendung der Arbeit verließ Graf Galler Karlsruhe (30. Mai 1786) und kehrte nach Salzburg zurück. Er wurde sofort zum erzbischöflichen Kammerherrn (14. Juni 1786) und bald darauf, nachdem er inzwischen sein väterliches Erbteil Freudenberg übernommen hatte, am 27. Dezember zum Hofkammerrat ernannt, „in Rücksicht dessen besonderen Fleißes, erworbener vielen Kameralkenntnisse und anderer trefflicher Eigenschaften". Die Akten des Salzburger Archivs, denen wir diese Notizen entnehmen, lassen erkennen, daß der junge Verwaltungsbeamte alsbald in eine vielseitige geschäftliche Thätigkeit eintrat; der Fürst-Erzbischof war ihm günstig gesinnt, und es scheint, Graf Galler hat der badischen Schule Ehre gemacht. Aber eine lange Laufbahn ist ihm nicht beschieden gewesen; er starb, erst 34 Jahre alt, in Salzburg am 16. April 1800 an der Auszehrung.

Wir bringen die nachfolgende Reisebeschreibung hier nach der Wiener Handschrift zum Abdruck; nur kleine orthographische Rektifikationen und Modernisierungen sind als angemessen erachtet worden.

über ihren wissenschaftlichen Wert und über die Exaktheit ihrer Angaben Untersuchungen anzustellen!, ist dem Zweck dieser Publikation fremd. Im Ganzen wird der Leser den Eindruck empfangen, daß der Verfasser ein gewissenhafter Forscher und ein guter, eingehender Beobachter war, der neben den Weitläufigkeiten des „kameralistischen" Details doch auch regen Sinn zeigt für Interessen anderer Art. Er berichtet regelmäßig auch über die konfessionellen Verhältnisse der einzelnen Landschaften, sowie er überall die Pastoren besucht — protestantische und katholische, über deren Eintracht er beneidenswerte Erfahrungen macht; selbst den „moralischen Charakter" der verschiedenen Bezirke sucht er in den Kreis seiner Beobachtungen zu ziehen, und daneben hat er ein lebhaftes Gefühl für landschaftliche Schönheit und zeigt das eifrigste Kunstinteresse, wenn er die neuentdeckten römischen Bäder in Badenweiler oder die Mechel'sche Bilder- und Kupferstichsammlung in Basel besucht.

Ich spreche an dieser Stelle noch Herrn von Jaksch in Klagenfurt, Herrn Pirckmayer in Salzburg, Herrn Staatsarchivar Dr. Winter in Wien und Herrn Professor von Zwiedineck-Südenhorst in Graz meinen verbindlichsten Dank aus für ihre liebenswürdige Unterstützung; ebenso Herrn Dr. Albert in Karlsruhe, welcher die Güte gehabt hat, die Korrektur zu lesen und das Orts- und Personenverzeichnis anzufertigen.

Heidelberg, 1. Dezember 1892.

B. Erdmannsdörffer.

Relation

über meine Reise in die Oberlande der Markgraffchaft Baden vom 15. Juli biß 3. November des Jahres 1785.

Seit dem Anfall der baden-badischen Lande an das noch blühende baden-durlachische Haus werden diese Lande insgemein in vier Teile eingeteilt, nämlich: 1. in die sponheimischen Lande, 2. in die grävensteinischen, 3. in das Oberland und 4. in das Unterland.

In dem engsten Verstande werden unter dem Ausdruck Oberland nur die Markgrafschaft Hochberg, die Herrschaften Badenweiler, Sausenberg und Rötteln verstanden.

Ich habe von diesen sehr fruchtbaren Gegenden und von denen höchst angenehmen Aussichten, die man dort so mannigfaltig genießen sollte, oft und viel sprechen hören, und dieses erregte in mir den sehnlichen Wunsch, dieselbe bereisen zu dürfen. Ich trat endlich diese Reise mit höchster Genehmigung meines gnädigsten Fürsten den 15. Juli gegen 6 Uhr morgens an. Herr Rentkammersekretär Hahn, welcher zu eben dieser Zeit seinen, in der Herrschaft Mahlberg als Teilungscommissarium angestellten Sohn besuchen wollte, war mein Reisegefährte.

Die Orte, welche wir durchpassierten, heißen:

1. Mühlburg, ein unbeträchtlicher Marktflecken, der unter dem Oberamt Karlsruhe steht. Prinz Wilhelm Ludwig, Hochfürstl. Durchl., Bruder des regierenden Herrn Markgrafens, haben allda ein Haus, wo Höchstselbe gewöhnlich die Sommermonate zubringen; die dortige Krappfabrik und Bierbrauerei gehören ebenfalls diesem Prinzen.

2. Grünwinkel ist ein kleines Dorf, das zu dem Amt Ettlingen gehört. Linker Hand liegt die sogenannte Rastatter Heide von mehreren hundert Morgen, welche wegen Mangel an Wasser und sehr schlechten Boden wohl kaum ganz oder auch nur größtenteils wird urbar gemacht werden können. Von da nach

3. Bickesheim lauft die Chaussee bei einer Meile Länge in schnurgerader Linie fort.

4. Durmersheim.

5. Bietingen. Diese drei Dörfer gehören schon in das Oberamt Rastatt.

Das Merkwürdigste von Karlsruhe bis nach Rastatt ist die seit dem badenbadischen Landesanfall errichtete neue Landstraße selbst, welche sechs Stunden lang ist und kaum drei bis vier Wendungen hat; sie ist beiderseits mit Bäumen besetzt und zwar so, daß immer zwei Kirschbäume und dann ein italienischer Pappelbaum stehen.

6. Rastatt, Poststation, ist ein regelmäßig gebautes Städtchen, welches wegen dem anno 1714 zwischen dem Kaiser, der Krone Frankreich und dem Reich allba geschlossenen Frieden merkwürdig ist. Es ware die Residenz der im Jahre 1771 mit Markgrafen Ludwig ausgestorbenen baden-badischen Linie, welche katholisch gewesen und ihr Begräbnis in der Kollegiat-Kirche zu Baden hat. Das von dem berühmten Feldherrn Markgraf Louis erbaute Schloß liegt etwas erhaben, so daß man es schon von Ferne erblickt; es ist sehr weitläufig, aber gegenwärtig sind alle Möbel, ein paar Zimmer ausgenommen, die für die fürstlichen Personen bestimmt sind, hieher überbracht worden. Die Urteile über die Bauart desselben sind verschieden. In dem Zimmer, in welchem der erwähnte Friede unterzeichnet wurde und welches mir sehr geräumig erschien, stehet noch der Tisch, an welchem die verschiedene Gesandte gearbeitet haben sollen.

Die Einwohner der Stadt sprechen noch immer mit vieler Rührung von ihrem letzten Fürsten; die Verschiedenheit der Religion des jetzigen Regentens von der ihrigen und besonders der Umstand, daß die Stadt mit dem Hinscheiden obengedachten Markgrafens aus einer Residenz in ein gewöhnliches Landstädtchen verwandelt wurde, wodurch der gesamten Bürgerschaft manche Vorteile entgehen, mögen die Hauptquelle davon sein. Ich glaube nicht, daß ihnen jetzt nur im geringsten härtere Abgaben zugemutet werden, als vormals; im Gegenteil hat die ganze Gegend durch sehr kostspielige Veranstaltungen, besonders in der Agrikultur, beträchtliche Verbesserungen erhalten, und manche andere sind vorbereitet.

Man will über die Murg, die aus dem Schwarzwald durch die Grafschaft Eberstein hervor und hart an der Stadt vorbeifließet, sich bei Steinmauern, zwei Stunden von hier, in den Rhein ergießet und auf welcher aus badischen und württembergischen Waldungen der beträchtliche Holländer Holzhandel getrieben wird, bei dem Bademer Thor oder auf der Seite gegen Straßburg eine steinerne Brücke bauen, wovon der vorläufige Überschlag auf 22 000 Gulden kömmt. Die Stadt, welcher die Erbauung der Brücke zustehet, will aus ihrer Cassa 10 000 bezahlen, und hat Serenissimus gebeten, er möchte ihr diese Summe gegen jährlich mit 2000 Gulden abschlägige Zurückzahlung und gegen ein Prozent vorstrecken und den Überschuß gnädigst beitragen. Beide Gesuche wurden von dem Landesfürsten verwilliget.

Auf diesem Fluß haben die drei Schlaff, welche mehrere Jahre in England arbeiteten, eine Stahlfabrik angelegt, die der Erwartung ziemlich entspricht. Sie konvertieren Eisen in Stahl und verfertigen Wagenfedern, wozu aus Mainz, Frankfurt und Straßburg viele Bestellungen einlaufen. Die Preise sind nach Verschiedenheit der Façon von 15—4 Louisdor per Garnitur;

außer diesen machen sie auch Tisch- und Wandleuchter von einer schönen und dauerhaften Komposition; Beschläge an Zimmerthüren und Kästen, Schnallen und dergleichen Sachen, welche zu Pferdegeschirren notwendig sind; insbesondere aber schöne mathematische Instrumenten nach Art der englischen und neuerlich die berühmte, in seiner Art einzige Teilungsmaschine.

Ich besuchte den Herrn Obersten und Kommandant v. Harrant und fuhr um 9 Uhr wieder fort.

Ein paar hundert Schritte vor der Stadt teilet sich die Chaussee: rechts führet sie über Stollhofen, Lichtenau und Kehl nach Straßburg, links aber gehet sie über Offenburg, Freiburg und Basel zu über

7. Sandweier,
8. Oos,
9. Sinzheim, drei unbeträchtliche Dörfer,
10. Steinbach, ein schlichtes Landstädtchen und der Sitz des Amtmanns von dem Amte gleichen Namens, nach
11. Bühl, der zweiten Poststation.

Zwischen Oos und Sinzheim sieht man links zwischen den Bergen das Schloß und die Kirchtürme von der Stadt Baden, bis wohin von dieser Landstraße noch ohngefähr eine halbe Meile ist.

Bühl ist ein mittelmäßig großer Marktflecken und macht wieder ein besonderes Amt aus, welches das letzte badische ist; denn hier werden die badischen Lande durch folgende an der Landstraße liegende Ortschaften unterbrochen:

12. Ottersweier, österreichisch.
13. Sasbach, bischöflich straßburgisch.
14. Achern, österreichisch.
15. Fautenbach, österreichisch.
16. Onsbach, österreichisch.
17. Renchen, bischöflich straßburgisch.
18. Zimmern und
19. Appenweier, beide wieder österreichisch. Letzteres ist die dritte Poststation. Alle diese ebengenannte Orte sind mehr oder weniger beträchtliche Marktflecken, wobei für einen Reisenden nichts interessant ist, als das einige hundert Schritte außer Sasbach auf einem Felde errichtete und zum Teil schon verwitterte Monument des französischen Marschalls Turenne; es solle auf eben dem Platze stehen, wo dieser große General im Jahre 1675 durch eine unglückliche Kanonenkugel fiel. Es bestehet aus einem ohngefähr vier Schuhe hohen und in Form einer stumpfen Pyramide gehauenen gemeinen Stein, worauf folgende Inschriften zu lesen sind:

   a. Ici fut tué Turenne.
   b. Hier ist Turrennius vertoetet worden.
   c. Hic cecidit Turennus die 27. Julii anni 1675.

Der Boden — ich schränke mich hier nur auf die nächst an der Landstraße liegende Distrikte ein — ist von Karlsruhe bis in die Gegend von Steinbach sehr schlecht: er ist sandigt und wird aus Abgang des Wassers im Sommer bei etwas anhaltender Hitze sogleich ausgetrocknet; die Sommerfrüchte geraten daher sehr schlecht, und die Hauptnahrung des Landmanns sind die Grundbirn, wovon hierzulande zum Erstaunen viel gepflanzet werden.

Man vergißt in dieser Gegend, daß man in einem Weinlande ist; denn von Durlach bis Steinbach siehet man nicht einen einzigen Weinstock; hingegen ersetzet jener rote Wein, welcher zwischen Steinbach und Bühl auf einer Anhöhe wächst und unter dem Namen Affenthaler sehr bekannt ist, diesen Mangel einigermaßen; denn dieses Geländer gehört unter das vorzüglichste in der ganzen untern Markgrafschaft.

Von Appenweier bis Offenburg ist nur eine halbe Poststation. Es war ohngefähr ½5 Uhr, als wir in dieser Reichsstadt ankamen; da die Tage sehr lang waren, so hätten wir leicht noch vor einbrechender Nacht nach Mahlberg kommen können, bis wohin man von Offenburg nur noch sechs Stunden rechnet; allein wir hatten den ganzen Tag nicht gespeist, und ich wollte auch diese Gelegenheit nicht vorbei lassen, ohne einige Bekanntschaften zu erneuern; diese waren: Herr Reichsstadtschultheiß von Reineck, ein alter munterer und geschickter Mann; Herr Baron von Blittersdorf, der eine Tochter des seligen Herrn Generals von Ried zur Frau hatte, ein paar Jahre an dem Hofe des Fürsten von Thurn und Taxis zubrachte und sich dadurch eine artige Pension und vor ein paar Jahren auch das Oberpostamt Offenburg erwarb; Herr Stadtmeister Meyer, dessen Umgang von vielen gesucht wird.

Offenburg gehört zwar nicht unter die Klasse der großen Reichsstädte — denn die Anzahl der Einwohner wird sich, wie ich vermute, auf 4000 bis 5000 Seelen einschränken —, aber sie hat breite Straßen, einen ziemlich geräumigen Platz, der durch Abbrechung eines alten, von den Feinden schon vorlängst abgebrannten Hauses, das mitten auf demselben stand, noch vergrößert wurde, und fast durchgehends gut gebaute Häuser; unter diesen zeichnet sich die kaiserliche Landvogtei, die von dem ortenauischen Landvogt, Herrn von Axter bewohnt wird, besonders aus. Es haben sich seit kurzer Zeit einige adelige Familien in dieser Stadt niedergelassen; der Ort hat auch nach meinem Geschmacke wegen seiner gesunden Lage, fruchtbaren Gegend und unbeträchtlichen Entfernung von Straßburg viel Angenehmes.

Den folgenden Morgen — 16. Juli — setzten wir unsere Reise um 5 Uhr morgens fort und kamen gegen 8 Uhr in Mahlberg an. Die Chaussee ist durchgehends gut, vorzüglich aber auf badischem Territorio, welches eine kleine Meile außer Offenburg anfängt, dann wieder durch das österreichische und nassau-usingische unterbrochen wird. Man passieret durch das österreichische Dorf Niederschopfheim und Friesenheim, welches einer der größten Marktflecken in der Herrschaft Mahlberg ist. Eine kleine halbe Stunde von der Chaussee rechts liegt die bekannte Benediktiner-Abtei Schuttern, nicht zwischen Bergen, wie sonst dergleichen Klöster angelegt zu sein pflegen, sondern auf dem flachen Lande. Kaum ist man bei

Dinglingen — nassau-usingischer Marktflecken, der eine kleine halbe Stunde lang ist und sich am Fuße eines Berges bis an die Chaussee ziehet — vorbei, so siehet man schon das Schloß Mahlberg nebst den dazu gehörigen Gebäuden; da es auf einer Anhöhe liegt, die rings umher mit flachem Lande umgeben ist, so verspricht man sich auf selbem eine überaus schöne, fast unbegrenzte Aussicht, die man auch dort in vollem Maße genießet.

Kippenheim, welches unter allen zu dem Oberamt gehörigen Ortschaften am meisten bevölkert ist, wird von der Chaussee der Länge nach durchschnitten. Von da bis Mahlberg hat man nur noch einige tausend Schritte, und von dort, wo man sich von der Landstraße, die über Emmendingen, Freiburg ꝛc. nach Basel führet, rechts hineinschlägt, nicht mehr als ein paar hundert.

In Mahlberg hat mir Herr Baron von Blittersdorf, der ehedem hier Hof- und Regierungsrat ware und erst zu Ende Aprils dorthin gezogen ware, in seiner Mietwohnung ein Zimmer abgetreten, welches ich auch vom 16. Juli bis 4. September bewohnte.

Nun will ich sowohl von diesem als denen drei anderen Oberämtern, die ich auf meiner Reise gesehen habe, immer eine auszugsmäßige Beschreibung voraussetzen und dann mit möglichster Kürze dasjenige anführen, womit ich mich während meiner Anwesenheit beschäftigte, was ich vorzüglich Merkwürdiges gesehen habe und dergleichen mehr.

Was die Einteilung der Beschreibungen dieser Herrschaften betrifft, so habe ich dieselbe aus Herrmanns Abriß der physikalischen Beschaffenheit der österreichischen Staaten entlehnt.

Beschreibung der Herrschaft Mahlberg. Die Herrschaft Mahlberg gehört zu jenen, welche der durchlauchtigste Markgraf von Baden-Durlach erst seit 1771, nämlich seit dem Abgang der baden-babischen Linie besitzt, und in dieser Rücksicht wird sie noch nicht zu denen Oberlanden, von denen sie übrigens nur durch einen ohngefähr vier Stunden betragenden fremden, meist österrichischen Strich Landes getrennt wird, gerechnet.

Größe, Grenzen, Bevölkerung. Zu dieser Herrschaft oder Oberamt gehören außer der Burg und dem Städtchen Mahlberg drei beträchtliche Marktflecken und zehn Dörfer oder — um mich des bei Gericht gewöhnlichen Ausdrucks zu bedienen — dieses Oberamt hat 14 Gemeinden unter sich. Eine jede hat einen Schultheiß und einen Stabhalter — welche eigentlich unter dem Namen Ortsvorgesetzte verstanden werden — einen Burgermeister, welcher die Gemeindsrechnung führet, vier oder nach Maßgabe der Größe des Orts auch noch mehrere Gerichtsmänner, dann noch ein paar Waisenrichter, Feld- und Bannwärte und dergleichen.

Die Anzahl der Seelen in diesem Oberamte belief sich im Jahr 1783 auf 8700.

Das in jeder Rücksicht unbeträchtliche Landstädtchen Mahlberg ist der Sitz des Oberamts und der Herrn Verrechner. Die oben erwähnte 14 Ortschaften liegen zu großer Beschwerde der Oberbeamten und zum Nachteil guter Zucht und Ordnung nicht beisammen, sondern sehr zerstreut; daher ist es auch nicht möglich, weder die Grenzen dieser Herrschaft, noch ihren Flächeninhalt, den man ohngefähr auf drei Quadratmeilen schätzet, genau zu bestimmen; letzteres vorzüglich deswegen, weil einzelne Bänne noch nicht geometrisch aufgenommen und in ein Ganzes zusammengetragen worden sind.

In Rücksicht der Grenzen muß ich folgendes bemerken: ich betrachte dieselben doppelt:

A. jene, welche die ganze Herrschaft oder wenigstens den größten Teil derselben ganz von außen umgeben und

B. jene, welche die Gemarkungen der einzelnen, durch fremde Besitzungen von dem Ganzen getrennten Ortschaften bestimmen.

Ad A. Haupt- oder Außengrenzen sind: 1. der Rhein, dessen Tiefe die Grenzen zwischen Frankreich und diesem Teil der badischen Lande bestimmt; 2. wird die Herrschaft Mahlberg von österreichischen, bischöflich straßburgischen, nassau-usingischen, einigen ritterschaftlichen und reichsstädtischen Ortschaften umgeben.

Ad B. Sie wird aber auch durch diese und besonders viele ritterschaftliche Territoria da und dort unterbrochen. Soviel ich mich erinnere, hat das Oberamt Mahlberg sich mit beinahe 30 Nachbarn herumzuschlagen; einige ritterschaftliche Orte, welche bloß durch eigennützige Beamte verwaltet werden und daher in Rücksicht auf Polizei sehr mangelhaft sind, machen dem Oberamt leider sehr viel zu schaffen, und überhaupt braucht es Erfahrung und Lokalkenntnisse, das Interesse des Fürsten gegen alle und gegen einen jeden insbesondere zu beobachten und zu verteidigen. Der jetzige Herr Landvogt, Freiherr von Landsee, welcher von jedermann geehret und von dem Herrn Markgrafen selbst sehr geschätzet wird, hat sich hierinfalls viele Mühe gegeben und gewisse Verdienste erworben. Er verfertigte nämlich eine Landgrenzenbeschreibung von denen markgräflich badischen Ortschaften der Herrschaft Mahlberg mit denen auswärtigen, machte Tabellen dazu, in welchen 1. die badische, 2. die auswärtige Ortschaft, 3. der Forst, unter welchen jene gehört, 4. die Anzahl der darin gesetzten Grenzsteine, 5. wie viele Schritte von einem zu dem andern, 6. ob sie richtig oder unrichtig, ob sie einem Anstand unterworfen oder nicht, bemerket ist; es verstehet sich von selbst, daß die Grenzsteine nach der Ordnung, wie sie aufeinander folgen, numerieret sind. Auf der Oberfläche derselben wird durch eine Linie, wie durch eine Mücke auf einem Feuerrohr angezeigt, wohin sie deuten: zielt einer auf mehrere andere Grenzsteine zugleich, so wird solches durch mehrere dergleichen Linien bewirket. Manchmal wird der Lauf der Grenze durch die Richtung des Steins angezeigt: in solchem Fall sind diese gewölbt und wohin die flache Seite zielet, dorthin laufet die Grenze bis zum nächsten Stein. Die Grenzbeschreibung ist in Form eines Protokolls abgefaßt, worin das in der oben erwähnten Tabelle Angeführte weitläuftiger auseinandergesetzet, auch die allenfallsige Zeichen, als + oder X ec. nebst denen vorgefallenen Anständen oder Streitigkeiten bemerket werden. Denen Förstern ist im ganzen Lande vermöge ihrer Instruktion die Aufsicht über die Grenzsteine aufgetragen; diesen kömmt die Anzeige des Mangelhaften oder Fehlerhaften zu.

Nun gehe ich von dem politischen Zustande dieser Herrschaft zu ihrer physischen Beschaffenheit über.

Produkten. A. Aus dem Mineralreiche hat die Herrschaft Mahlberg außer etwas wenigem an Kalksteinen kein einziges Produkt aufzuweisen. Es wurden zwar schon vor mehreren Jahren bei Sulz, einem Dorfe auf denen Matten, Spuren von Salzquellen entdecket und — wenn ich nicht irre — einigen Kaufleuten aus Straßburg gestattet, dieselben zu bauen; allein sie standen, nachdem sie zwei Schächte, die noch zu sehen sind, auf solche getrieben und einige tausend Gulden fruchtlos darauf verwendet hatten, davon ab und die Sache schien ganz vergessen, als vor ein paar Jahren die hiesige Rentkammer mit diesen Quellen verschiedene Versuche anstellen ließ. Man fand die Sole zu schwach und die Menge des eindringenden wilden Wassers zu stark, als daß man mit Grund hätte hoffen können, daß die notwendig darauf zu verwendenden Kosten, wo nicht ganz, doch größtenteils durch den Ertrag kompensieret würden; aber auch ohne diesem wichtigen Hindernisse würde dieses Projekt kaum ausgeführt worden sein, weil der Herr Geh. Rat Freiherr von Landsee als Oberforstmeister wichtige Vorstellungen dagegen machte und erwies, daß der Holzmangel, den eine Salzpfanne in denen dortigen Gegenden wenigstens in der Folge der Zeit nach sich ziehen müßte, dem Lande weit fühlbarer sein würde, als bei dem etwas hohe Preis ausländischen Salzes.

B. Was die Produkten anbetrifft, die gewöhnlich unter den Worten Pflanzen- und Tierreich verstanden werden, so nehme ich selbe hier unter dem Ausdruck Landwirtschaft zusammen.

Landwirtschaft. Ihre Zweige sind, wie sie von den meisten Kameralisten angegeben werden: a. Viehzucht, b. Ackerbau, c. Obst- und Gartenbau, d. Weinbau, e. Wald- oder Holzkultur.

Diesen können nach Verschiedenheit der Umstände mehr oder weniger Jagd, Fischerei, Bienenzucht und dergleichen beigesetzet werden.

Ad a. Die Notwendigkeit der Viehzucht war auch dem rohesten Landmann schon einleuchtend, ehe noch die Landwirtschaft als eine besondere Wissenschaft angesehen und behandelt wurde. Mehrere Kameralisten, unter diesen auch Schlettwein im 1. Teil des Archivs für Menschen und Bürger Seite 191, geben an, wie viel Morgen Wiesen zur Stallfütterung für eine gewisse Anzahl Rindvieh erfordert werden; wie oft die Äcker gebessert werden müssen; wie viel Wägen Besserung zu einem einzigen Morgen erforderlich seien, und daß man auf ein völlig erwachsenes und im Stalle gut gefüttertes Stück Rindvieh jährlich nicht mehr als fünf Wägen Besserung rechnen könne

Ohne Besserung kann der Boden, und sollte es auch der beste sein, wenigstens in der Folge der Jahre nichts nur Halbvollkommenes hervorbringen. Ein Mann also, der eine Landwirtschaft nach theoretischen Regeln einrichten und behandeln wollte, müßte vorerst alle Grundstücke aufmessen und nach oben berührter Art und Weise berechnen, wie viel Stück Rindvieh er notwendig ernähren müsse, um die alle Jahre notwendige Besserung für seine Grundstücke zu erhalten. Allein dergleichen Subtilitäten lassen sich von einem Bauern nicht erwarten, der oft durch Not gedrungen auf andere Auswege, als Vermischung verschiedener Erdarten ꝛc. verfällt und sehr wohl dabei fährt.

Ich habe die Generaltabelle über das in der Herrschaft Mahlberg vorhandene Vieh, wie dieselbe vorigen Winter zur Rentkammer eingesandt werden mußte, vor mir und ersehe daraus, daß an Pferden und Füllen 2432, an Kühen, Ochsen und Kälbern 3452, an Geißen 143, an Schafen 320 Stück gezählet wurden.

Die Berechnung, ob die Anzahl des allbort vorhandenen Rindviehes mit der Morgenzahl nach obigen Regeln im Verhältnis stehe, würde ein sehr mühsames und in gewissem Betracht ein nicht auszuführendes Unternehmen sein, weil, wie ich weiter unten bemerken werde, in diesem Oberamt die Größe der Grundstücke nicht durch ein wirkliches Maß, sondern nur durch den Ausdruck Viertel oder Sester bestimmt wird; außerdem kann man von denen dortigen Weinbergen, die — wenn ich mich nicht irre — mehr Besserung erfordern als Äcker, auch keine zuverlässige Morgenanzahl angeben

Das Verhältnis der Anzahl der Pferde zu denen Ochsen, nämlich 2003 zu 462, fiel mir nicht wenig auf; ich suchte darüber, vorzüglich aber über die Ursache, warum hier die Pferde denen Ochsen so sehr vorgezogen werden, Belehrung und erhielt folgende: 1. der Boden ist an den meisten Orten leicht und die Pferde können also hier gar wohl vor den Pflug gespannt werden; 2. die Straßen sind eben und gut; mancher Bauer erwirbt sich durch das Fuhrwesen, zumalen wenn die Feldgeschäfte stille stehen, da und dort einen Verdienst, welches bei den Ochsen wegen des langsamen Ganges nicht so leicht angehet. Sie sind — nur wenige, von dem Vorurteil des Herkommens etwas Unbefangenere davon ausgenommen — gegen die Vorstellungen taub, daß ein Pferd weit mehreren Zufällen ausgesetzt sei, als ein Ochs; daß dieser bei gehöriger Fütterung mit dem Alter an Werte immer mehr zunähme, da jenes unter gleichen Umständen immer herunterfalle; daß die Schmied- und Sattlerkosten bei dem Ochsen ganz wegfallen, daß endlich die nötige Besserung, woran besonders die Reborte Mangel haben sollten, damit nicht so leicht erzielet werde.

Die meisten halten vier, wenigstens drei Pferde, aber der ganze Postzug vermag nicht mehr an Kräften als zwei Pferde von mittelmäßiger Größe; sie sind durchgehends klein und unansehnlich.

Der dortigen Schweinezucht macht man den Vorwurf, der allerdings nicht unbegründet sein mag, daß nicht einmal die in die Haushaltungen nötige Schweine selbst zugezogen werden, und daß dadurch jährlich 7000 bis 8000 Gulden vor fremde Zuchtschweine aus der Herrschaft gehen.

Die Schafzucht ist und wird in der Herrschaft Mahlberg niemals von Bedeutung sein, weil die Brachfelder mit Sommergewächsen angeblümt und nicht der Schafherde zur Weide offen gelassen werden; auch die Waldungen werden, sobald die Schläge gehauen sind, wiederum behängt und es entgeht also dadurch den Schafen eine sonst gewöhnliche Nahrung. Die Stallfütterung würde nicht nur zu kostbar, sondern auch fast durchgehends unmöglich sein, weil die meisten Ortschaften Mangel an Futter für das weit nötigere Rindvieh haben.

Mit der Bienenzucht solle man im Oberamt Mahlberg so weit gekommen sein, daß so viel Wachs und Honig, als man zum Selbstgebrauch nötig hat, gezogen, auch noch etwas an Fremde verkauft werde.

An Einführung der Seidenzucht im ganzen Lande wurde zwar noch vor wenig Jahren auf Veranlassung der höchstseligen Frau Markgräfin, Hochfürstliche Durchlaucht, die selbst dergleichen Plantagen anlegte, stark gearbeitet; allein sie wird in denen hiesigen Gegenden niemals auch nur in einen halb vollkommenen Stand ohne Nachteil des Landmannes gebracht werden können; dann bekanntlich erfodert die Wartung der Seidenwürmer sehr viele Mühe und dieses gerade zu der Zeit, wo die Feldgeschäfte am häufigsten sind; überdies ist der Seidenbau eine Sache, wo bei dem geringsten Versehen, bei mancherlei Zufällen die gegründetsten Aussichten einer guten Ernte in einem Augenblicke zernichtet werden. Der Landmann in der Herrschaft Mahlberg wählet also den sicheren Weg und bauet seine Felder; außerdem zieht er jeden fruchttragenden Baum jenen Maulbeerbäumen vor; jene geben Nahrung für ihn und die ganze Familie, oft bleibt auch noch etwas zum Verkauf übrig; diese hingegen müssen bloß zur Erhaltung des Seidenwurms gepflanzt und gewartet werden.

Die übrige Produkte aus dem Tierreich, als Groß- und Kleinwildpret, frische Vögel ꝛc. sind zu unbeträchtlich, als daß man ihrer hier erwähnen solle. Überdies kommen auch in der Folge dieses Aufsatzes ein paar Worte davon vor.

Ad b. Auf den Ackerbau sollen die Unterthanen der Herrschaft Mahlberg großen Fleiß und Sorgfalt wenden; aber die Anzahl von 1058 Viertel, welche auf der Anblümungstabelle pro 1784 unter der Rubrik „unangeblümte Felder" — worunter vermutlich die höchst nachteilige Gemeindsalmenden und andere noch nicht urbar gemachte Grundstücke zu verstehen sind — vorkommen, bringen mich fast auf eine nicht so vorteilhafte Idee; doch ich habe dem Grund, warum so viel Land ungebaut lieget, nicht genug nachgespürt und gehe demnach weiter.

Die Ackerfelder werden in dieser Herrschaft durchgehends in drei Zelgen oder Fluren eingeteilet, nämlich: Winter-, Sommer- und Brachfeld.

Der Boden ist nicht überall gleich; auf den vorderſten Bergen iſt er leicht, in der Ebene etwas ſchwerer und beſſer; in denen Gegenden des Rheins wird ein mit Kies und ſchwarzer Moorerde vermengter Grund — Riedboden genannt, von welchem ſelbe Orte den Namen Rieborte haben — vielfältig angetroffen.

1. Im Winterfeld wird Weizen, Korn und gemiſchte Frucht, nämlich Weizen und Korn unter einander, gebauet; vom Spelz oder Dinkel aber weiß man in dortiger Gegend nichts, weil dieſe Fruchtart einen ſchwachen leim- oder lettartigen Grund haben will.

Im Durchmeſſer wird die Ausſaat in mittelmäßig guten Jahren neun- bis zehnfach eingeerntet. Nach eingeheimſter Winterernte werden die Ackerfelder flach geſtürzt, mit der Egge leicht bezogen, mit Rübſamen beſäet und etwas tief untergeeggt. Bei vermiſchter guter Witterung ſoll ein Joch Acker 150 und mehr Körbe voll Stupfelrüben abwerfen können.

2. Im Sommerfeld bauet man: a. Sommerweizen, aber ſehr wenig und nur in den Rieborten; b. Gerſt und Sommerweizen untereinander, Molzer genannt, auch nicht viel; c. lautere Gerſt; d. Gerſt mit Linſen oder Wicken vermiſcht am meiſten und e. Habern, dieſen aber meiſtens nur auf friſch umgebrochenen Matten oder Weiden.

In die lautere Gerſt wird gewöhnlich entweder ſogleich bei der Ausſaat, oder wenn ſie ſchon drei bis vier Zoll lang iſt, holländiſcher Klee geſäet, mit einem großen Dornbuſch untergeeggt, und dann alles mit der Walze befahren. Der Sommerweizen giebt in mittleren Jahren die Ausſaat ſieben- bis acht-, die lautere Gerſte ſechs- bis ſieben-, die gemiſchte Gerſte und der Haber aber acht- bis neunfach wieder zurück.

3. Man ſieht in der Herrſchaft Mahlberg ſehr ſelten im Brachfeld einen Acker ohne Anblümung. Die Kreszenzien, die darin gepflanzt werden, ſind:

1. Hanf, ſehr viel. 2. Grundbirn, in Menge. 3. Winterreps, viel. 4. Sommerreps, wenig. 5. Magſamen, ziemlich, aber nicht mehr ſo viel wie vormals, weil er ſehr ſelten gerät. 6. Ackerbohnen, viel. 7. Erbſen, nur ſo viel, als man davon in die Haushaltungen braucht. 8. Welſch- oder Türkiſch-Korn, nicht in großer Menge, weil man ſich deſſelben nur bei der Schweinszucht bedienet. 9. Linſen und 10. Wicken, ſehr ſelten allein, ſondern unter der Gerſte. 11. Kraut, nur ſo viel, als in den Haushaltungen gebraucht wird. 12. Klee, ſehr viel, aber nur holländiſcher, der im dritten Jahre ein Ende hat, damit in ſelbem die Kleeäcker wieder mit Winterfrucht angeblümt

werden können 13. Hirse wird nur da und dort zwischen anderen Gewächsen gesäet. 14. Flachs, keiner, weil er bisher niemals gut solle ausgefallen sein.

Ad c. Alle in den mildern Gegenden gedeihende Obstarten und Gartengewächse kommen auch in der Herrschaft Mahlberg gut fort; es wird aber sowohl von einem als dem andern kaum mehr gezogen, als die Innwohnerschaft zu eigenem Gebrauch nötig hat.

Kirschbäume siehet man sehr wenige, desto mehr aber Nußbäume, die an allen Straßen und wo nur sonst ein Plätzchen übrig ist, gepflanzet werden; man benutzet die Nüsse weder frisch noch gedörrt, sondern schlägt das Öl daraus, welches unter die Artikel der Ausfuhr gehört.

Überhaupt sind alle Obstarten von gemeiner Sorte; die Verbesserung der Baumzucht, wegen welcher vor wenigen Jahren mehrere Verordnungen gemacht worden sind, liegt dem dortigen Landmann nicht sehr am Herzen.

Von dem Wiesenbau muß ich hier folgendes bemerken: Er ist zur Viehzucht ebenso unentbehrlich, als diese wegen der nötigen Besserung zum Feldbau; es ist nicht möglich, daß eins ohne dem anderen bestehen könne, so sehr hängt alles aneinander.

An natürlichen Wiesen oder Matten haben die meiste Gemeinden der Herrschaft Mahlberg keinen Mangel, und die übrige würden ebensowenig darüber klagen können, wenn sie ihre Bäche benutzen und auf die weitläuftige Almenden richten wollten; aber auf die Vermehrung der Futterkräuter solle dort bisher sehr wenig Sorgfalt verwendet worden sein. Die meiste Bauern sehen ihre Wiesen, wenn sie das Oehmd zu Hause haben, nicht mehr an, bis sie im folgenden Jahr wieder heuen wollen; sie verlassen sich im Sommer auf das Kleefutter und Weiden und im Winter auf die Stupfelrüben, hauptsächlich aber das Futterstroh; sie bedenken nicht, wie viel dem Sommer hindurch durch das Weiden an Dung verloren gehet.

Es ist wahr, daß es in der Herrschaft Mahlberg dem größten Teil der Wiesen an Wasser zur Wässerung gebricht und daß selbe nur in wenig Gemeinden gewässert werden können; allein ist's nicht möglich, die trockene oder dürre Matten, von denen mancher Tauen zu 288 Quadratruten jährlich kaum 12, höchstens 15 Zentner Futter giebt, mittelst des Umbruchs und Besamung mit guten Gras- und Kleesamen oder Aufstreuung natürlichen oder künstlichen Düngers zu größerem Ertrage zu bringen?

Ad d. Neun Orte der Herrschaft Mahlberg bauen Wein; sie sind aber, überhaupt genommen, ärmer als die übrige oder sogenannte Rieborte; den Grund davon werde ich weiter unten unter der Rubrik „Vermögenszustand" anführen. Die Reben geben indes reichlich aus: ein Hause, welches der achte Teil einer Jeuch ist und in 600—1000 Stöcken bestehet, kann in mittleren Jahren neun bis zehn kleine Ohmen abwerfen; die Qualität des Weins hingegen ist sehr gering. Die Rebleute richten ihr Augenmerk nicht auf die Güte, sondern nur auf die Menge des Weins und daher sind sie auch auf keine Art dahin zu bringen, die vorhandene schlechte Traubsorten mit besseren zu verwechseln. Die meisten haben in ihren Weinbergen so viele fruchttragende Bäume, besonders Nußbäume stehen, daß diese von weitem eher einem Waldstück gleichen, als einem Rebberg. Auch die dort eingeführte Art, dieselbe anzulegen und zu behandeln, solle etwas dazu beitragen und nicht die vorzüglichste sein.

Ad e. Die Waldungen in der Herrschaft Mahlberg gehören 1. dem Landsherrn, 2. denen Kommunen und 3. gewissen Genossenschaften, die aus zerschiedenen Gemeinden bestehen.

Ad 1. Die herrschaftliche sind alle oder doch größtenteils geometrisch aufgenommen und in Schläge eingeteilt. Sie werden gegenwärtig unter der Aufsicht des schon öfters erwähnten Freiherrn von Landsee so gut und vorsichtig behandelt, daß nicht nur vor die jährliche Abgabe des Kompetenzholzes an die dortige herrschaftliche Dienerschaft und vor das zu den herrschaftlichen Gebäuden erforderliche Bauholz hinlänglich und vor immer vorgesorgt ist, sondern auch noch alle Jahre ein ansehnliches Quantum an Brenn-, Wagner- und Küferholz verkäuflich weggegeben werden kann, ohne für die Zukunft an irgend einer bedürfenden Holzart einigen Mangel befürchten zu müssen.

Ad 2. Fünf Gemeinden, und zwar jede für sich, haben ansehnliche Kommunwaldungen, woraus sich ihre Bürger, wo nicht ganz, doch größtenteils beholzen.

Ad 3. Alle übrige Gemeinden der Herrschaft Mahlberg sind in drei Gemeinschaften eingeteilt. Diese Waldgenossen haben bisher nicht nur ihr benötigtes Brennholz, sondern auch alles eichene und tannene Bauholz aus ihren weitläuftigen Waldungen bezogen, welche sich in einem ungleich besseren Zustande befinden würden, wenn nicht die Genossenschaften von jeher in der Befugnis gestanden wären, aus ihren Mitteln Waldmeister, denen die genossenschaftliche Waldökonomie ehedem fast souverainement solle zugestanden haben, zu wählen. Seit einigen Jahren aber ist hierinfalls von dem Oberforstamt eine Veränderung veranlaßet worden, welche dem schon wirklich im Anzug gewesenen Holzmangel einigermaßen gesteuert hat.

Gewässer. Unter diesen ist der Rheinstrom, der bei zwei badischen, zu dem Oberamt Mahlberg gehörigen Ortschaften hart vorbeifließet, der größte und merkwürdigste. Er liefert ziemlich viele und gute Fische und würde deren noch mehrere haben, wenn nicht das Recht, selbe herauszufangen, jedem frei stünde. Er führet, wie bekannt ist, auch Goldsand mit sich, der aber mit vieler Mühe und sehr geringem Vorteile herausgelöst und gewaschen werden muß. Das Recht dazu oder die Goldweide, welches ein Regale des Fürstens ist, ist in dieser Herrschaft für jährlich 7 Gulden 6 Kreuzer verlehnet. Die wilde Enten, welche im Winter auf benen Sandbänken der Nebenarme dieses Flusses gefangen werden, machen in der Forstrechnung der Herrschaft Mahlberg eine unbeträchtliche Summe aus.

Außer diesem bewässern und durchströmen noch vier Bäche verschiedene Gemarkungen dieses Oberamts. Diese Fischwasser sind für jährlich 28 Gulden 9 Kreuzer verlehnet. Einer dieser Bäche hat folgende besondere Eigenschaft: er entspringt in dem Kippenheimer Bann, treibt in demselben fünf Mühlen und versiegt auf den Matten dieses nämlichen Banns; er fließt also weder in noch aus diesem Bann.

Gewerbe, Manufakturen und Fabriken. Von Manufakturen und Fabriken ist in der ganzen Herrschaft Mahlberg nichts anzutreffen; der Ackerbau und die Reben sollen den dortigen Landmann das ganze Jahr und selbst den Winter hindurch genug beschäftigen. Überdies behauptet man, daß diese Arbeiten allein nicht überfluß, sondern Mangel an dazu brauchbaren Händen haben sollen. Aus diesem Grunde hat man sich auch vonseite des Oberamts der Einführung der Spinn-, Strick- und Nähschulen bisher immer entgegengesetzet.

Der größte Teil des Gewerbes des dortigen Landmanns besteht in Frucht, Wein, Hanf, Reps und Magsamen, Holz, Ackerbohnen, Mastvieh und dergleichen. Die Riedorte oder jene Gegenden, die keine Rebberge haben, machen aus denen beim Hanfbrechen abfallenden und sonst zu nichts nützenden groben Fasern Dochte für Torfchen und dergleichen Waren und gewinnen dadurch jährlich eine beträchtliche Summe, die manchmal nach Abzug aller Unkosten 2000 bis 3000 Gulden betragen soll.

Preis der Lebensmittel. Der Preis der Landesprodukten ist in der Herrschaft Mahlberg immer ziemlich hoch und namhaft höher als in den hiesigen Gegenden, weil diese von großen Städten entfernter und von Ländern — als Württemberg und Pfalz — gleichsam umschlossen sind, die sie noch an Fruchtbarkeit übertreffen, in welchem Fall der Produktenabsatz wegen der starken Konkurrenz der Nachbarn gehemmet wird.

Ausfuhr. Die Unterthanen der Herrschaft Mahlberg hingegen können an die Bewohner des nahe gelegenen Schwarzwalds ihre Weine, einen Teil ihrer Früchte und Hanfs, sodann in die Schweiz, von der sie kaum zwei kleine Tagreisen entfernt sind, den andern Teil ihrer Früchte, Ölwaren und ebenfalls Hanf, in den benachbarten Städten Straßburg und Lahr gleichfalls Hanf, Dochten und alle ihre weitere entbehrliche Produkten, auf dem Rhein aber ihr zum Verkauf bestimmtes Brennholz sehr vorteilhaft absetzen.

Einfuhr. Die gegenteilige jährliche Hauptauslagen des dortigen Landmannes besteht größtenteils für Salz und Spezereiwaren, für wollene Tücher, Leder und andere zur Bekleidung nötige Stücke, für Eisen, Zugochsen, Zuchtschweine ꝛc.

Bilanz. Nach einer Berechnung, die ich mit dem Herrn Landschreiber zu Mahlberg entwarf, die ich aber keineswegs für zuverlässig ausgebe, solle der Aktiv- den Passivhandel in dieser Herrschaft jährlich um 70 140 Gulden übersteigen.

Vermögensstand. Dieser ist im Vergleich mit denen dortigen Nachbarschaften gut; insbesondere wird in den Rieborten, wo der viel seltener als der Wein mißratende Frucht- und Hanfbau um vieles beträchtlicher als in den Reborten ist, und wo noch durch die Dochtspinnerei alle Jahre eine ansehnliche Summe Geldes durch die Inwohnerschaft verdient und gewonnen wird, eine den Wohlstand eines Landes vorzüglich bezeichnende, fast gleiche Verteilung des Vermögens angetroffen. In diesen Orten findet man nur zwei, drei bis vier sehr reiche Leute, die gemeiniglich kleine Dorftyrannen sind und dann die ganze übrige Bürgerschaft meist durch Ankauf der Güter bei Ganten und dergleichen Gelegenheiten arm machen. Es giebt allba mehrere mittelmäßig reiche, viele wohlhabende und sehr wenig ganz arme Unterthanen.

In benen Reborten hingegen verhält sich die Sache anders. Man trifft zwar hie und da auch reiche und mittelmäßig gutstehende Familien an, aber die Anzahl der gering Bemittelten und Armen übersteigt jene weit. Sehr viele stecken tief in Schulden, weil sie auf den Herbst — die Weinlese — hin leicht Geld gelehnt erhalten.

Überhaupts solle der Gewinn mit dem Weinhandel seit einigen Jahren sehr abgenommen haben. Alte Weine, zu deren Aufspeicherung aber dem größten Teil des Landvolks der nötige Platz fehlet, werden von Auswärtigen nicht mehr gesuchet. Diese wurden klüger, bauten größere Keller, kaufen nun nichts mehr, als Most oder junge Weine und verkaufen sie nach ein paar Jahren mit Vorteil. Am Most ist wenig oder nichts zu gewinnen, weil er sehr schlecht bezahlt wird, manchmal werden sogar die eigene Unkosten und sonstige große Mühe kaum ersetzet. Allein dem armen Landmann ist daran gelegen, seine Produkte sobald als möglich umzusetzen, und er giebt oft den Wein von der Trotte weg.

Moralischer Charakter und Religion. Es ist immer sehr schwer, den moralischen Charakter eines Haufens Menschen zu bestimmen. Die Auskunft, die ich darüber von jenen erhielt, die schon mehrere Jahre in bortigen Gegenden zubrachten und von denen es zu vermuten ist, daß sie mehrfache Gelegenheit hatten, den Landmann in seiner Hütte sowohl als auf dem Felde zu beobachten, sagten mir, daß die Eingeborenen dieser Herrschaft im Durchschnitt mehr friedsam als zänkisch und in ihrem Beruf fleißig wären. In Konsumierung ihrer Produkten könnten sie etwas sparsamer sein. Wegen übertriebenem Kleiderpracht aber dürfe man ihnen keinen Vorwurf machen.

Was die Religion anbetrifft, zu der sich selbe bekennt, so ist ein großer Teil davon der katholischen zugethan. Außer dem Städtchen Mahlberg, wo die Protestanten keinen Gottesdienst haben, sind — wenn ich nicht irre — alle dazu gehörige Ortschaften paritätisch und die Kirchen werden von beiden Religionsverwandten gemeinschaftlich benutzet. Ich habe mehrere Gelegenheiten gehabt, mich von dem guten Einverständnis der Herrn Pfarrer von beiden Religionen zu überzeugen, und ein solches Beispiel wirkt auf den Landmann gewaltig.

Die katholische Geistlichkeit stehet unter der Straßburger Diöces; die protestantische aber unmittelbar unter dem Specialsuperintendenten und dann unter dem fürstlichen Kirchenratscollegio.

Die Anzahl der Judenhaushaltungen ist in diesem Oberamt sehr gering, desto beträchtlicher aber in denen benachbarten ritterschaftlichen Orten.

Münzfuß, Münzen, Maß, Gewicht. Der Münzfuß ist in der Herrschaft Mahlberg ebenderselbe, wie in denen vorderen Kreisen, nämlich der Konventions- oder 24Guldenfuß. Außer denen kleineren Silber- und Scheidemünzen siehet man aber fast gar keine Konventions-, sondern nur französische ganze und halbe Thaler, und die dort kursierende Goldstücke sind einfache und doppelte Louisdor. Im Handel und Wandel wird dort das meiste nach Schilling berechnet, sowie im Österreichischen nach Groschen und in dem Erzstift Salzburg nach Batzen.

Der Schilling hat 6 Kreuzer oder 12 Pfenning; das Wort Pfenning hat also dort eine größere Bedeutung als in den hiesigen Gegenden, wo es nur den vierten Teil eines Kreuzers, welcher dort ein Douple genannt wird, ausdrücket.

Bei dem Maß werden die glatte Früchte von den rauhen unterschieden; zu jenen gehören Weizen, Halbweizen, Korn und Gerst, zu diesen nur der Haber, weil in der Herrschaft Mahlberg kein Spelz gebauet wird. Ein Viertel von den glatten Früchten hat dort 6 Sester, von den rauhen aber 7. Bei beiden hat der Sester 4 Bierling und der Bierling 4 Mäßlen.

Ein Mahlberger Sester hat 1080 Kubikzoll und kömmt demnach dem Durlacher Simri, welches 1076 hat, ziemlich nahe.

Ein Fuder Wein hat 24 Ohmen; die Ohme 24 Maß und die Maß 4 Schoppen.

Das Klafter Holz hat 6 Schuh in die Weite und ebensoviel in die Höhe. Im Gewicht hat der Zentner, wie hier, 100 Pfund.

Vom Feldmaß muß ich folgendes bemerken: Ein Juch Acker hat 6 Sester; der Sester aber hat kein gewisses Rutenmaß; je besser das Feld, desto kleiner der Sester, und so das Gegenteil.

Ein Tauen Matten hat 4 Viertel, dieses aber hat wiederum kein bestimmtes Maß.

Aufgestellte fürstliche Bediente in der Herrschaft Mahlberg.
1. Der Herr Geheime Rat Freiherr von Landsee. Er ist Landvogt und hat zugleich das Oberforstamt Mahlberg zu besorgen. Diesem ist kürzlich in civilibus beigegeben worden:
2. Der Freiherr von Blittersdorf, der seit einigen Monaten auch das in der Ortenau liegende badische Amt Staufenberg besorget.

3. Herr Rat Hugo, welcher mit beiden eben genannten Herrn gemeinschaftlich arbeitet, versiehet außer diesem die Amtsschreiberei.

4. Der Landschreiber — in den hiesigen Gegenden werden die Verrechner Amtskeller, in den Oberlanden aber Burgvögte genannt — hat die Geld- und Naturalverrechnungen, wie auch die Forstgefälle zu besorgen.

5. Der geistliche Verwalter erhebt und verrechnet die Kirchengefälle, welche in den katholischen Ortschaften alle unter dem Namen der Heilige begriffen werden.

6. Der Landcommissarius hat die nähere Aufsicht über Polizeigegenstände, als Maß, Gewicht, Straßen ꝛc.

Gegenwärtig ist demselben auch die Revision aller von denen Teilungscommissariis verfertigten Arbeiten aufgetragen; diese müssen nämlich mit dem Schlusse jeden Quartals nach einem vorgeschriebenen Formular anzeigen, an welchen Geschäften sie die Zeit über gearbeitet haben, und schicken zugleich ihre Arbeiten, die in Vermögensabhandlungen und -Teilungen bestehen, ein: der Landescommissarius durchgehet dieselben genau, macht seine Notamina darüber, welche beantwortet und erläutert werden müssen.

7. Die Anzahl der Skribenten in dem Oberamt Mahlberg beläuft sich gegenwärtig auf acht. Einer davon ist schon in das dritte Jahr mit der Registratur beschäftigt, welche bisher immer in größter Unordnung war und zum Teil sehr unvollständig ist; einer ist ganz allein zum Protokoll und für die Kanzleigeschäfte bestimmt; zwei sind bei der Amtsschreiberei angestellet, doch so, daß sie bei häufigen Arbeiten auch zum Oberamt gezogen werden; zwei sind beständig auf dem Lande, und diese nennet man Teilungscommissarien.

Der Landschreiber hält ebenfalls zwei Skribenten und einen Incipienten.

Derselben Besoldungen: 1. Der Herr Landvogt und Oberforstmeister Freiherr von Landsee hat an Geld 1600 Gulden, Korn für den Amtsboten 12 Viertel, Pferdfourage auf 6 Pferde, nämlich: Haber 124 Viertel 2 Sester, Stroh 624 Bund, Heu 216 Zentner, Holz 40 Klafter.

2. Der Freiherr von Blittersdorf beziehet außer dem Gehalte, den er schon hier als Kammerherr und Hofrat gehabt und der ohngefähr auf 900 Gulden zu ästimieren, nichts.

3. Herr Amtmann Hugo hat an Geld 737 Gulden aus der Sportelcassa, weil die Sporteln gegenwärtig für die Herrschaft verrechnet werden; an Weizen 12, an Korn 12, an Gerste 3 Malter, an Holz 12 Klafter, Wein erster Klasse 2 Fuder oder 48 Ohmen.

4. Herr Landschreiber hat an Geld 250 Gulden, zu Unterhalt 2 Skribenten 112 Gulden, für Schreibmaterialien 24 Gulden, Weizen 13, Korn 13, Gerste 2 Malter, Haber 20 Viertel 4 Sester, Stroh 200 Bund, Heu 36 Zentner, Wein 60 Ohmen, Holz 30 Klafter.

5. Herr Landcommissarius hat an Geld 183 Gulden, Wein 9 Ohm, Korn 5 Viertel 1¼ Sester, Haber 20 Viertel 3 Sester, Strohe 125 Bund, Heu 44 Zentner.

Nota! Dieser erhält wegen dem ihm anvertrauten Teilungsrevisions=
geschäfte eine jährliche Zulage von 200 Gulden aus der Sportelcassa und
4 Klafter Holz.

6. Die fünf Förster, die unter diesem Oberforstamt stehen, haben jeder
an Geld 82 Gulden, Korn von 5 bis 9 Viertel, Gerst 2 Malter, Strohe
15 Bund, auch einer 40, Wein die meisten etwas über 7 Ohmen, Holz
8 bis 10 Klafter.

Der Herr Landvogt bezieht noch einen Teil der Sporteln, nämlich von
den eingehenden Amtssporteln, welche ohngefähr jährlich 1000 Gulden betragen,
die Hälfte, und von den Gebühren der zwei Teilungskommissarien, welche
von denen Unterthanen an denen Arbeitstagen jeder insbesondere täglich 5 Gulden,
also mit Ausschluß der Sonn= und Festtäge in 300 Tägen 1500 Gulden,
oder beide zusammen 3000 Gulden beziehen, ebenfalls die Hälfte; die andere
Hälfte fällt in die Sportelkasse, und jeder der beiden Teilungskommissarien
erhält aus selben an denen Arbeitstägen 1 Gulden 30 Kreuzer.

Außer diesem benutzet der Herr Landvogt ein Stück Obst= und Grasgarten,
der Herr Landschreiber aber ein Stück Feld und ebenfalls ein Stück Gras=
garten samt denen darauf stehenden Obstbäumen.

Diese beide, wie auch Herr Hugo, der Herr geistliche Verwalter und
die Skribenten haben freie Wohnung.

Von meinen Beschäftigungen während dem Aufenthalte in Mahlberg.

Die ersten zehn Täge brachte ich mit Mundierung der Bemerkungen über
die hiesige Polizeiverfassung zu; dann kopierte ich die neueste Seelen=, Vieh=
und Anblümungstabellen, die Bilanz aller zu dem Oberamt gehörigen Ge=
meinden: ich suchte mit einem Worte alles auf, wodurch ich diese Herrschaft
soviel und sobald als möglich im großen übersehen konnte.

Mein Hauptaugenmerk war aber immer, den formellen Gang der
Geschäfte bei denen von dem Regierungscollegio etwas entferntern Ober=
ämtern etwas näher einzusehen; daher wohnte ich denen Amtssessionen, deren
dort wöchentlich zwei gehalten werden, fleißig bei.

Es würde zu weitläufig sein und vielleicht beim Lesen ermüden, wenn ich
alle die Fälle, welche binnen dieser Zeit vorkamen und zum Teil entschieden
wurden, hier anführte, indes will ich doch aus meinem Tagebuch einzelne
und zwar solche hervorsuchen, welche als ein Nachtrag zu meinen Bemerkungen
über Polizeiverfassung angesehen werden können. Ich muß aber zugleich
vorausbemerken, daß das Oberamt, da es eben Ernte= und Saatzeit ware,
damals etwas weniger als gewöhnlich zu thun hatte.

1. Ein Bauer aus der Herrschaft Mahlberg fuhr in ein beträchtliches
Dorf, welches ebenfalls zu diesem Oberamt gehört; dort spannte er gerade
vor dem Schulhause aus, stellte seinen Pferden ein Bündel Heu vor und
ging davon. Der Sohn des Schulmeisters, ein Knab von sechs bis sieben

Jahren, kam aus dem Haus, trat vielleicht etwas zu nahe zu den Pferden heran, eins davon schlug aus und diesem Jungen einen Fuß entzwei. Der Vater klagte bei Oberamt und der Bauer wurde zur Bezahlung der Kurkosten, welche sich auf 14 Gulden beliefen, verurteilet, weil er unvorsichtig genug gewesen, den Wagen gerade vor dem Schulhause auszuspannen und die Pferde allein zu lassen; man hielt ihm auch entgegen, daß er dergleichen Bosheiten schon öfters an seinem Pferde beobachtet haben müsse. Mit Genehmigung des Klägers, auf den doch auch eine Unachtsamkeit auf seine Kinder fiel, wurde die obige Summe auf die Hälfte herabgesetzet.

2. Eine ledige geschwängerte Weibsperson zeigte dem Oberamt den Burschen an, von dem sie das Kind habe. Nach überstandenen Wochen wurden beide vorgeladen; sie wiederholte ihre Aussage mehrmalen, aber der Angeklagte bestand darauf, daß dieses nicht wahr sei, ohne die Thatsache zu leugnen. Man fragte ihn, ob er es auch dann nicht für wahr annehmen wolle, wenn Klägerin einen Eid ablege, daß sie, seit dem Fehltritt mit ihm, keinen weitern mit einem andern begangen habe. Er ließ es geschehen; sie wurde also über den Gegenstand, wegen welchen von ihr ein Eid abgefodert wurde, und über die Wichtigkeit dieser Handlung belehret und ihr die Warnung vor Meineid, wie sie in dem ersten Teil der Gerstlacherischen Sammlung der badischen Verordnungen stehet, vorgetragen. Ehe man ihr die Eidesformel, die sehr kurz ist, vorsagte, wurde er nochmals befragt, ob Klägerin wirklich schwören solle oder ob er sich mit der von ihr dazu bezeigten Bereitwilligkeit begnügte; er verlangte, ganz ohne Gefühl und trocken, sie solle schwören, und nachdem solches geschehen, wurde er zur Erlegung des Bastardfalles mit 8 Gulden und zur Alimentation des Kindes, welche wöchentlich 12 Kreuzer bei Mädchen bis in das 13. Jahr, bei Knaben aber bis in das 14. Jahr beträgt, wie auch zur Unzuchtsstrafe von 15 Gulden verurteilet. Diese müssen auch die geschwängerte ledige Weibspersonen bezahlen; da aber Klägerin ihre Schwangerschaft vor Hälfte der Zeit selbst angab, so wurde ihr, der Verordnung gemäß, ein Drittteil davon nachgelassen.

3. Einige Weibspersonen aus dem Oberamt stahlen denen angrenzenden österreichischen Unterthanen eine unbeträchtliche Quantität Klee, welcher schon abgemäht auf dem Felde lag; dergleichen Felddiebstähle kamen bei dieser Gemeinde öfters vor. Die Weibspersonen gestanden es ein und wurden nach Maßgabe der Verordnungen zur Geige, auf welche ein Büschel Klee gelegt wurde, und dann zu dreitägiger Eintürmung verurteilet. Die erstere Strafe wurde sogleich vollzogen, letztere aber verschoben, weil sie noch ganz kleine, zum Teil säugende Kinder zu Haus hatten. Sie mußten überdies noch pro rata die Protokoll- und dem Hatschier die Fanggebühr bezahlen.

Wäre es nicht zweckmäßiger gewesen, diese kleinen Diebe in ihrem Wohnort — in loco delicti —, welches dergleichen Unfugen sehr ergeben war, zu bestrafen? Denn nach des Richters eigenen Worten war er in diesem Falle nur darum so streng, um denen andern ein Beispiel zu geben; die Einwohner der Stadt Mahlberg aber bedurften solches nicht.

5. Verschiedenen Übelhäusern wurden auf Befehl der Regierung Pfleger gestellet, und von diesen im Oberamt das Handgelübd abgenommen, daß sie fleißig und ehrlich darauf sehen wollen, daß die ihrer Pflegschaft Anvertrauten keine weitern Schulden machen und daß sie solches widrigenfalls sogleich anzeigen wollen.

5. Ein fremder Jude kam in das Haus eines Pfarrers, der sich eben an einem entfernten Orte befand; weder die Haus-, noch Zimmer- oder Kastenthüre war geschlossen; er öffnete die letztere und nahm ein Hemd, er würde vielleicht noch mehr zu sich gesteckt haben, wenn nicht die Magd auf das Bellen des Haushundes herbeigekommen wäre. Der Dieb lief fort, wurde aber von einigen Bauern angehalten. Das Oberamt, welches durch die Ortsvorgesetzte sogleich davon benachrichtigt wurde, ließ ihn sogleich durch den Hatschier abholen. Im Verhör gestand es der Jude, schützte aber zugleich seine Armut, besonders daß er kein Hemd am Leibe habe, vor. Das Protokoll von mehreren Bögen wurde samt dem Bericht der fürstlichen Regierung eingesandt. Nach ungefähr 14 Tagen, binnen welcher Zeit der Inquisit auf herrschaftliche Kosten, nämlich ex fructibus jurisdictionis, erhalten wurde, kam das Reskript: der Dieb sei mit 20, seiner Gesundheit angemessenen Stockschlägen zu belegen und ihm auf 4 Jahre der Eingang in die badische Lande bei Strafe zu verbieten.

Da einer der beiden in dieser Herrschaft aufgestellten Hatschiere äußerst wachsam ist, und dieselbe, wie ich schon oben bemerkt habe, von so vielen fremden Territoriis durchkreuzet wird, so fehlt es an dergleichen Gästen niemals oder selten. Während meinem Aufenthalt allda wurden mehrere verdächtige, nahrungslose Leute oder sogenannte Vaganten eingebracht und konstituiert; letzteres geschah gewöhnlich außer der Amtssession. Ich war meist zugegen und sahe also, wie ein jeder der drei Herrn Oberbeamten, wovon immer nur ein einziger konstituierte, seine Fragepunkte einzurichten pfleget. Ich könnte demnach hier mehrere Kriminalgeschichtchen anführen, allein ich wählte die obigen, vorzüglich mit Bedacht die letzte, um zu zeigen, wie eingeschränkt die Oberämter sind. Vielleicht sind sie es nicht allein in einem solchen Grade, sondern nur jene, wo die Herrn Oberbeamten sich nicht gerne einer Verantwortung aussetzen. Indessen hat diese Einschränkung, welche von vielen sehr angerühmt und verteidiget wird, nach meiner Meinung doch diesen Hauptmangel, daß sie öfters sehr kostspielig ist. Die Herrn Regierungsräte lassen sich wegen anderen Geschäfte oder aus Bequemlichkeit mit Erstattung der ihnen über Kriminalfälle aufgetragenen Referaten meistens Zeit und der Inquisit sitzet die ganze Zeit über im Gefängnis; die Kost, welche ihm vom Turmwächter gereicht wird, beträgt täglich 12 Kreuzer und die sogenannte Turmlosung 6 Kreuzer, mithin zusammen täglich 18 Kreuzer. Jene, welche es bezahlen

2*

können, müssen diese Summe nebst denen übrigen Inquisitionskosten erlegen, bei dem Unvermöglichen aber werden die Atzungskosten dem Turmwächter aus den Jurisdiktionsgefällen vergütet.

Ein anderer Umstand, der nicht mindere Rücksicht verdient, ist dieser, daß manche Gefängnisse sehr schlecht eingerichtet und höchst ungesund sind. Monsieur Dumont sagt in seinem Plan de législation criminelle, welcher durch die von der Ökonomischen Gesellschaft in Bern aufgegebene Preisfrage veranlaßet wurde:

„Die Gefängnisse, in welchen man die Angeklagte verwahrte, sollen nur dazu dienen, sich ihrer Person zu versichern, nicht aber, um sie zu strafen."

Bei dem Herrn Landvogt, einem Mann von 64 Jahren, der noch sehr lebhaft ist und sowohl von politischen Gegenständen als vorzüglich von dem Forstwesen nach jedermanns Zeugnis sehr gründlich urteilet, habe ich viele Nachmittagsstunden zugebracht.

In der Amtsschreiberei, welche in dem Baden-badischen zugleich das Schatzungswesen besorgt, bei dem Herrn Landschreiber und Landcommissarius durchging ich verschiedene Rechnungen und suchte mich von dem Umfange eines jeden dieser Dienste und ihrer innern Einrichtung zu belehren, da ich vor meiner Abreise von der fürstlichen Rentkammer einen offenen Befehl an alle unter diesem Departement stehenden Beamte erhielt, „mir nicht nur mit anverlangenden Erläuterungen über die Beschaffenheit des Landes und die Hauptnahrungszweige der Unterthanen, desgleichen über die herrschaftliche Gefälle und ihre Erhebungsart an Handen zu gehen, sondern auch auf Begehren die Dienstbücher vorzuzeigen", so stund mir alles frei. Es regnete die meiste Zeit, die ich in Mahlberg zubrachte, und ich hatte also zu eben erwähnten Beschäftigungen Muße genug. Die wenigen heitern Tage benutzte ich zu Spaziergängen auf die Felder mit dem Herrn Landschreiber, der sich mit der Landwirtschaft sehr abgiebt und die meiste neuern Schriften über diesen Gegenstand kennet, und dann auch zu folgenden Exkursionen in die Nachbarschaft.

a. Von Zeit zu Zeit besuchte ich den Herrn von Türckheim, welcher vor zwei Jahren das ritterschaftliche Gut Altdorf, so nur eine kleine halbe Stunde von Mahlberg liegt, gekauft hat: er wurde während meinem Aufenthalte zum Ammeister erwählet, und ich erinnere mich sehr wohl, ihn — besonders vom Herrn Professor Blessig — öfters als einen sehr belesenen und vernünftigen Mann rühmen gehört zu haben. Er hat etwas über 30 Jahre und Herr Landvogt von Landsee zählt ihn, ungeachtet der großen Verschiedenheit des Alters, unter seine Busenfreunde.

b. Ein paarmal kam ich nach Lahr, einem nassauingischen Städtchen, welches 700 Bürger und im ganzen ohngefähr 7000—8000 Seelen fasset. Es liegt am Fuße eines langen Weinberges, der sich da endiget und nur eine kleine Meile von Mahlberg entfernt ist. So unbeträchtlich der Ort wegen seiner Größe scheinet, so ist er doch äußerst belebt und voll Gewerbe. Der größte Teil der Inwohnerschaft bestehet aus Handwerks- und Kaufleuten; es werden dort vorzüglich viele Pelzwaaren für den Landmann verfertiget und sehr weit verführet. Die Herrn Gebrüder Lotzbeck haben allda eine große Tabakfabrik angelegt, wo ich eine Taue Tabakblätter, so wie sie aus Virginien ankam, gesehen habe; sie wurde in meiner Gegenwart aufgeschlagen und ein Stück von denen Blättern mittelst eines Beils mit großer Mühe heruntergeschlagen; diese sind mit langen hölzenen Nägeln sehr fest zusammengepackt und gegen die Mitte der Taue waren sie ganz warm. Ein nur allein von diesen Blättern verfertigter Tabak solle wegen seiner Stärke gar nicht genießbar sein, sie werden also nur in kleinen Portionen mit andern vermengt.

Man wirft denen Inwohnern dieses Städtchens vor und, wie ich mich selbst zu überzeugen Gelegenheit hatte, mit allem Grund, daß sie im Handel die Juden an List weit überträfen; an einem Zopfbande von 3 Ellen fehlet gewiß wenigstens ein Achtel und an einem Pfund Zucker, Kaffee rc. ein, auch zwei Lot. Die Unterthanen der Herrschaft Mahlberg haben mit ihnen sehr viel Verkehr; jene bringen Früchte und Hanf hin, und diese wissen immer dem Verkäufer wenigstens für einen großen Teil des Geldes Waren anzuschwätzen; ein Teil des Erlöses bleibt in denen Schänken liegen und derjenige, den der Bauer mit sich nach Hause bringt, ist oft der geringste. Überdies ist Lahr immer der Zufluchtsort, aber zugleich das Verderben für jene, welche Geld aufnehmen wollen; auch hierinfalls solle sich der Lahrer Bürger in Rücksicht auf Wucher vor vielen Juden auszeichnen. Man hat mir gesagt, daß die Mahlberger Unterthanen wenigstens 40 000 —60 000 Gulden dahin schuldig seien. Nach meinen Gedanken verdiente dieser Umstand allerdings eine Untersuchung und Beherzigung vonseite der badischen Regierung und Rentkammer.

c. Zu Ettenheim, welches ein kleines, dem Fürstbischhof zu Straßburg zugehöriges Städtchen ist und nur eine Stunde von Mahlberg liegt, besuchte ich bald nach meiner Ankunft in der dortigen Gegend den Herrn Amtmann und den Herrn Amtsschreiber; beide waren vormals in baden-badischen Diensten. Der Ort an sich ist nicht groß, hat enge Straßen und fast durchgehends schlechte Häuser.

Der Fürstbischof von Straßburg besitzet diesseits des Rheines die zwei Oberämter Oberkirch und Ettenheim; zu einem jeden gehören einige Ortschaften; jenes liegt zwischen Bühl und Appenweier. Die Bedienstungen, wenigstens einige davon, werden verkauft; so bezahlte z. B. der gegenwärtige Oberbeamte von Oberkirch an die Rentkammer von Sr. Eminenz 30 000 Livres. Ein Drittteil davon wird als Kaution angesehen, denn es fällt nach Absterben des Beamtens seinen Erben zu.

d. Ein paarmal fuhr ich mit dem Herrn Landvogt nach Ettenheimmünster, einem Benediktinerkloster; es liegt in einer sehr rauhen Gegend, nur 1½ Stunden von Mahlberg und ist von allen Seiten mit Bergen umgeben. Der Weg, sobald man von der Chaussee abweichet, ist sehr schlecht. Der Herr Abt ist ohngeachtet seiner grauen Haare munter und gegen Fremde sehr gefällig. Das erstemal, als ich dahin kam, wurde eben das Fest des Skapuliers gefeiert; die Musik übertraf meine Erwartung, aber vorzüglich verdienet die Orgel, ein Werk des seligen Silbermanns in Straßburg, welches samt Schreinerarbeit auf 2600 Gulden zu stehen kam, die Aufmerksamkeit eines Fremden. Die Kirche ist groß und hat viel Licht

Die Bibliothek wurde damals noch in mehrern Zimmern aufbewahret, da der neue, ziemlich geräumige Büchersaal noch nicht ganz fertig ware. Der größte Vorrat von Büchern, so wie ich ihn übersehen konnte, bestehet in Ethicis, Concionatoribus und dergleichen meist alten Büchern. Von neuern Schriften erinnere ich mich nicht, einige gesehen zu haben.

Desto merkwürdiger ist der dortige Keller, sowohl wegen seines großen Umfangs als des Vorrats an Wein, wovon vorzüglich die alte sehr gut sein sollen. Dieses Gotteshaus ziehet aus der Herrschaft Mahlberg beträchtliche Fruchtzehnten.

e. Einige hundert Schritt davon ist ein Bad, St. Landolini-Bad genannt, welches auch von Fremden besucht wird. Gerade von denen Badehäusern gegenüber stehet eine Kirche, welche besagten Heiligen geweihet ist. Viele behaupten, daß es kein Gesundheitsbrunnen, sondern natürlich frisches Bergwasser sei, und von dem Ursprung und Wirknngen desselben werden verschiedene heilige Geschichtchen erzählet.

f Der Herr Prälat von Schuttern, welchen ich auch einmal besuchte, ist Kaiserlicher Geh. Rat. Er hat diesen Charakter nebst einem Pektoral von Brillanten von Ihrer Majestät der verstorbenen Kaiserin höchstseligen Angedenken zur Belohnung für die gute Bewirtung Ihrer Majestät der Königin von Frankreich, welche im Jahre 1770 auf ihrer Reise dahin in dieser Abtei mit einem ansehnlichen Gefolge übernachtete, erhalten. Er besitzet ungemein viele Weltkenntnis und Lebensart. Seiner kränklichten Gesundheitsumstände wegen hat er schon mehrmalen abdanken wollen, aber die Resignation wurde bishero vom kaiserlichen Hof unter vielen schmeichelhaften Ausdrücken noch nicht angenommen. Dieses Gotteshaus, welches beträchtliche Einkünfte hat und aus der Herrschaft Mahlberg ansehnliche Fruchtzehnten beziehet, wird sehr fleißig von Fremden aus Straßburg, Offenburg und den umliegenden Orten besucht und ich habe mich selbst von der guten Aufnahme und Bewirtung, die man sich dort zu versprechen hat und die ich schon in Straßburg öfters habe verrühmen hören, überzeugt.

g. Einmal machte ich mit dem Herrn Special der Herrschaft Mahlberg und dem dortigen Herrn Landcommissarius auf ein paar Täge Partie zu dem Herrn Prälaten von Gengenbach. Dieses Benediktinerkloster liegt eine Meile über Offenburg auf der Landstraße in das Kinzinger Thal, und hat allem Ansehen nach große Einkünfte, wozu die drei Stunden von dort im

Gebirge angelehnte Kobaltfabrik und Glashütte etwas beitragen mögen. Das Gotteshaus ist auf zwei Seiten von dem Reichsstädtchen gleiches Namens eingeschlossen, und da sowohl jenes als dieses unmittelbar ist, so liegen sich beide immerfort in den Haaren.

Diese ganze Gegend ist sehr weinreich und auf einigen Anhöhen hat man malerische Aussichten. Dieses Reichsstädtchen ist der Geburtsort des kaiserlichen Herrn Generals von Bender, dessen Vater allda einen Kramladen hatte. Er hat hier ein Haus und Garten und kam am nämlichen Tag, als wir dort waren, von Olmütz an, wo er einige Jahre als Kommandant stand. Gegenwärtig ist er Kommandant zu Luxemburg und sein Regiment ist nun wieder aus den Niederlanden zurückgekommen und in seine vorige Garnisonen, nämlich Freiburg und Altbreisach, eingerückt.

h. Die Salzquellen auf denen Matten bei Sulz habe ich ebenfalls unter Begleitung des Herrn Landcommissarius gesehen. Der Bau, wovon ich oben erwähnte, ist größtenteils schon verfault und also wenig mehr davon zu sehen übrig. Dieses Dorf liegt eine kleine Stunde von Mahlberg in einem Thal, welches sich gegen die Stadt Lahr sehr angenehm öffnet, von denen übrigen Seiten aber mit niedern Bergen umgeben ist. Auf einem derselben liegen drei große Bauernhöfe, die Langenhardter Höfe genannt, wo man eine überaus schöne Aussicht genießen sollte. Wir brachten ein paar Stunden beim katholischen Herrn Pfarrer zu, der ein sehr artiger Mann ist, und besuchten auch den protestantischen Herrn Pfarrer. Der größte Teil der Innwohnerschaft ist verschuldet und ein eingewurzelter Hang zum liederlichen Leben solle der Hauptgrund dieses elenden Nahrungsstandes sein. Der katholische Pfarrer sagte mir, daß die wenigste eigenes Zugvieh hielten. Im Frühjahr gehen sie in die Waldorte, nehmen von denen dortigen Bauern das zur Feldarbeit benötigte Hornvieh, welches aber nur in Terzen oder zwei- bis dreijährigen Ochsen besteht, mit, füttern sie den Sommer über und geben sie im Spätjahr dem Eigentümer wieder zurück, welcher dieselbe zu Feldgeschäften noch nicht brauchet und frohe ist, eine Anzahl davon für ein halbes Jahr aus dem Futter zu haben.

i. Zu Kappel, welcher Ort ebenfalls in der Nachbarschaft von Mahlberg liegt und wohin ich mit dem Herrn Landcommissarius an einem heitern Nachmittag ritt, kehrten wir bei dem Wirte ein, der en compagnie mit noch vier andern Wirten die Salzlieferung in die wenige diesseits und die 96 jenseits des Rheins liegende, dem Fürstbischof von Straßburg gehörige Ortschaften für — wenn ich mich noch recht erinnere — jährlich tausend Louisdor auf neun Jahre in Pacht hat. Einige hundert Schritte außer diesem Orte fließet der Rhein, aber langsam und in einem ziemlich weiten Bette; nicht weit davon ist eine Überfahrt. Kappel wie auch Grafenhausen, welches letztere wir in seiner beträchtlichen Länge durchritten, sind Dörfer, die zu dem Oberamt Ettenheim und also dem Fürstbischof von Straßburg gehören. Der

Boden ist in dortiger Gegend schon weit schlechter, als um Mahlberg, und da in einem Umfange von einer Stunde nicht einmal eine Anhöhe anzutreffen, so ist auch der Rebbau dort unbekannt.

k. Unter allen in der Nähe von Mahlberg an den Rhein liegenden Ortschaften ist Wittenweier wegen den mehrfachen Unglücksfällen, die es von Zeit zu Zeit durch das Wasser erlitten hat, das bekannteste. Das ganze Dorf war vor wenig Jahren in äußerster Gefahr, von eben bemeldetem Strom niedergerissen zu werden; man trug die Häuser ab, versetzte sie weiter hinein auf das feste Land und die meiste sind nun so eingerichtet, daß man die Balken im Falle der Not auseinanderschlagen und anderswohin bringen möge.

Der Fluß, welcher eben dort einen starken Anfall hat, untergräbt den Boden immerfort, und es ist zu besorgen, daß ohne wirksame Gegenwehr eine noch weit beträchtlichere Strecke Landes verloren gehe; es ist ritterschaftlich und — wenn ich nicht irre — so haben drei Familien vielleicht zum Nachteil der Inwohnerschaft Anteil daran. Bei diesem Verhältnisse mag es nun freilich schwer halten, daß alle drei zu gleicher Zeit einen gleich starken Antrieb in sich fühlen, dem stets vor Augen schwebenden Untergang mehrerer Familien durch einen Beitrag vorzubeugen. Der dortige protestantische Herr Pfarrer, zu welchem mich meine Begleiter, Herr Landschreiber und Herr Landcommissarius, führten, nachdem wir am Ufer des Rheins verschiedene Bemerkungen gemacht hatten, ist ungeachtet seiner podagraischen Anfälle sehr leutselig und ein ebenso großer Liebhaber als Kenner von Blumen und exotischen Gewächsen.

l. Der Herr Landcommissarius nahm während meinem Aufenthalte in Mahlberg die Visitation einiger Mühlen in dem Oberamt in der Gegend von Oberschopfheim vor, und ich benutzte diese Gelegenheit, ein solches Polizeigeschäft nicht nur theoretisch, sondern auch praktisch einzusehen. Ein Beckenmeister aus Kippenheim, welchem diese jährliche Visitationen unter Aufsicht des Herr Landcommissarii aufgetragen sind, war mit uns. Bei jeder Mühle wurde hauptsächlich darauf gesehen, ob der obere Stein — Laufer genannt — nicht schon zu sehr abgenutzet sei und noch seine vorgeschriebene Dicke, nämlich vier Zoll, habe; ob die Mehlbeutel ganz oder zerrissen; ob die verschiedenen Siebe alle vorhanden und in welchem Stande selbe seien; ob die nötige Maße vom kleinsten bis zum größten, alle gerecht, wohlbeschlagen, auch mit einem Stadt- oder Amtszeichen bemerket seien. Bei denen Erblehen-Mühlen wurde auch das Gebäude selbst genau durchgangen, und die notwendig erfundene Reparationen dem Lehemann bis zur nächsten Visitation nachdrücklich aufgetragen. Von da gingen wir zwischen Felder, wo die Leute eben mit Einheimsung der Sommerfrüchte beschäftigt waren, nach Oberweier, wo wir bei dem katholischen Herrn Pfarrer zu Mittag speisten. Nach der Tafel setzten wir unsern Marsch bei dem ritterschaftlichen Gut Sternberg vorbei nach Friesenheim fort und besuchten allda den protestantischen Herrn Pfarrer Müller, der wegen seiner Geschicklichkeit auf dem Klavier in der ganzen Nachbarschaft sehr bekannt ist.

m. Wenige Täge vor meiner Abreise von Mahlberg fuhr ich mit dem Herrn von Türckheim nach Nonnenweier, einem ritterschaftlichen Ort, zwei Stunden von Mahlberg, welcher denen Freiherrn von Rathsamhausen gehöret. Beide Herrn Brüder, vorzüglich aber der ältere, welcher das ganze Jahr hindurch auf seinen Gütern zubringet, sehen die Landwirtschaft als ihren angenehmsten Zeitvertreib an. Es würde zu weitläuftig sein, der von ihnen in diesem Fache gemachten verschiedenen Versuche zu erwähnen. Das Obst, welches diese adelige Landleute ziehen, und die verschiedene ausländische Rebsorten, die sie in ihren Gärten pflanzen, sind in der Nachbarschaft sehr berühmt. Der Ort liegt in einer überaus angenehmen Gegend, und nur ein paar hundert Schritte vom Rhein; der Boden ist also hier, wie ich oben von denen Riedorten bemerket habe, ziemlich schlecht und stark mit Kies vermengt. Der Hanf macht das Hauptprodukt aller dieser am Rheinstrom liegenden Ortschaften aus.

In dem Städtchen Mahlberg besuchte ich die katholische, in Kippenheim aber mit dem Herrn Special, der dort wohnet, die protestantische Schule. Aus beiden ging ich mit vieler Verwunderung über die Geschicklichkeit der Kinder im Lesen, Schreiben, Rechnen und dergleichen. Ich würde ganz gewiß nicht nur in diesem, sondern auch in den folgenden drei Oberämtern mehrere Landschulen besucht haben, wenn mich nicht Mangel an Zeit davon abgehalten hätte, und zudem fielen auch eben damals die Schnitt- und dann die Weinferien ein.

Bevor ich Mahlberg verlasse, muß ich hier noch aus meinem Tagebuch ein paar Worte anführen:

Den 31. August gegen fünf Uhr abends zogen sich mehrere schwarze Wolken gerade über diesem Städtchen zusammen; die auf einander folgende starke Donnerstreiche fielen uns um so mehr auf, da es den ganzen Tag mehr kalt als warm ware und vormittag ziemlich stark regnete. Ich las auf meiner Stube und würde vermutlich dort geblieben sein, wenn der Herr Landvogt uns nicht eben die Zeitungen zugeschickt hätte; ich ging auf das andere Zimmer, meinem gerade gegenüber, setzte mich dort in eine Ecke und las vor. Die Thüre stand offen, und ich sahe die Stiefmutter des Herrn von Blittersdorf, eine Frau von 85 Jahren, mit einem Loretto-Glöckchen in der Hand, die Treppe hinuntersteigen. Sie konnte kaum auf der Hälfte gewesen sein, so war das ganze Zimmer von einem Wetterstrahl gleichsam in Feuer gesetzet, und das Gerassel des unmittelbaren darauf erfolgenden Donners war fürchterlich. Ich hörte auf dem Gange, der nur ohngefähr vier Schuhe breit ist und meine Wohnstube von denen übrigen trennte, ein starkes Geräusch. Ich glaubte, daß die alte Frau entweder vor Schrecken, oder von dem Wetterstrahl getroffen, über die Treppe gestürzet seie; ich sprang vor die Thüre und in diesem Augenblick fiel ein Brett gegen mich. In der Vermutung, daß es von der Decke des Gangs herunter gefallen seie, schrie ich: es hat bei uns eingeschlagen! Die Hausleute und Nachbarn kamen sogleich herbei und stiegen, so geschwind sie konnten, auf den Boden; dort fanden sie zwar mehrere Balken zersplittert, aber nicht die geringste Spur von einer Entzündung. Unterdessen machte uns allen der brandartige Geruch, der sich im ganzen Haus immer mehr verbreitete, tausendfache Angst. Wir machten auf jeden Fall Lärm und in wenig Minuten war die ganze Innwohnerschaft versammelt. Der größte Teil davon kam mit Feuereimern. Erst nach mehreren Minuten, die ich ganz betäubt mit Hin- und Herlaufen zubrachte, fiel mir bei, daß mein Zimmer noch geschlossen seie, ich lief zurück und gab einem Oberamts-Skribenten den Schlüssel dazu, mit dem Ersuchen, nachzusehen, ob nicht der Wetterstrahl auch in selbes eingeschlagen habe: ich folgte ihm ängstlich nach; die Thür war kaum zur Hälfte geöffnet, so kam uns ein blauschwarzer Schwefeldunst stromweise entgegen. Auf das Geschrei, welches wir darüber anfingen, stürzten mehrere Personen in das Zimmer, rissen das Fenster auf und suchten, ob es nicht irgendwo glimme. Allein, der göttlichen Vorsehung seie es gedankt, wir kamen mit einem Schrecken, der sich besser fühlen, als beschreiben läßt, durch.

Die Verwüstung, die der Wetterstrahl in dem Haus anrichtete, war unbeträchtlich und bestand in folgendem:

An der Spitze des Dachwerks oder dem sogenannten First fiel derselbe auf, teilte sich nach den beiden Hauptbalken, die nebst andern stark zersplittert wurden, drang zwischen dem Verputz der Wände senkelrecht in mein Zimmer, schlug da inwendig ober der Thüre und fast gegenüber ober einem Fenster ein Stück von dem Verputz heraus, zerbrach eine halbrunde Scheibe, doch so, daß die Trümmer davon in mehreren Stückchen auf dem Boden lagen, zersplitterte den Teil der Fensterrahmen, an welchem eben erwähnte Scheibe befestiget war. Besonders auffallend war es, daß weder die eiserne Fensterstange noch das Blei, womit die runden Scheiben befestiget sind, nur im geringsten verletzet wurden. Ein Teil der äußern Einfassung der Thüre war mit solcher Gewalt weggerissen, daß einige eiserne starke Nägel in derselben, die andere in der Thür stecken blieben, und dies war das Brett, was ich fallen hörte und dann erst fallen sahe.

Die Erschütterung muß sehr stark gewesen sein, denn mein Zimmer war durchaus mit Gyps, der von dem Verputz der Decke herunter fiel, gleichsam besäet. In der Stube, die gerade unter der meinigen, fanden wir nach der Hand ebenfalls ein paar Löcher, und man sahe deutlich, wie der Strahl von da über einige große Steine in die Erde fuhr.

Dies Wetter dauerte bis gegen vier Uhr des Morgens, also neun Stunden, und es fing zu verschiedenenmalen auf das neue fürchterlich zu rasseln an.

Fortsetzung meiner Reise.

Den 4. September morgens reiste ich von Mahlberg nach Emmendingen ab. Herr Baron von Blittersdorf begleitete mich; es ist nur sechs Stunden, und die Landstraße, welche in bestem Stande erhalten wird, ziehet durch folgende Orte:

1. **Ringsheim**, bischöflich-straßburgisches Dorf.
2. **Herbolzheim**, ein großer österreichischer Marktflecken, der mehrere, sehr wohlgebaute Häuser hat.
3. **Kenzingen**, Poststation, ein altes österreichisches Landstädtchen, welches vermutlich von der Kinzig, die nahe dabei vorbeifließet, seinen Name hat.
4. **Hecklingen**, ein unansehnliches Dorf, gehört dem Grafen von Henning; er war unter baden-badischer Regierung Kammerpräsident zu Rastatt, dann Landvogt zu Mahlberg; jetzt lebt er mit seiner Familie da in einem an der Landstraße neu erbauten Hause. Von dem alten Schloß Hecklingen siehet man auf dem Berge nur noch einige zerfallene Mauern. Könbringen ist von dieser Seite der erste Ort, welcher zu dem Oberamt Hochberg gehöret. Diese Gegend ist schon etwas fruchtbarer, die Wiesen erhalten durch die eingerichtete Wässerung ein weit lebhafteres Grün und die Abwechslung von Matten, Felder, Weinbergen und Dörfern giebt ihr unbeschreibliche Reize.

Emmendingen ist ein Landstädtchen und der Hauptort in der Markgrafschaft Hochberg. Es ist ziemlich regelmäßig, hat fast durchgehends gut gebaute Häuser von Steinen und enthält 2091 Seelen.

Beschreibung der Markgrafschaft Hochberg. Sie liegt an den untersten Teil auf der Abendseite des Breisgau. Gegen Morgen, Mittag und Abend grenzet sie an solche Orte, die dem Haus Österreich teils eigentümlich zustehen, teils unter dessen Hoheit gehören. Gegen Mitternacht stößt sie an einige zu dem Stift Straßburg diesseits des Rheins gehörige Ortschaften.

Dieses Oberamt hat 35 Orte, die in 29 Gemeinden eingeteilt sind, unter sich. Eine so beträchtliche Anzahl Dörfer läßt allerdings einen nicht minder beträchtlichen Flächeninhalt vermuten; allein die meisten Ortschaften haben sehr mittelmäßige Bänne, und so sollen sie, alle zusammen genommen, nur eine Größe von fünf deutschen Quadratmeilen, jede zu 1969 rheinländischen Ruten gerechnet, ausmachen.

Die Anzahl der Einwohner belief sich mit Ende des Jahres 1784 auf 20 490: es kommen also auf eine Quadratmeile gerade 4098 Seelen. Dieselbe wird, wie ich aus denen Seelentabellen von mehrern aufeinanderfolgenden Jahren ersehe, jährlich um ein merkliches und in obem erwähntem Jahre gegen das vorhergehende um 249 vermehret. Der dortige Landphysicus giebt in der Beschreibung der natürlichen Beschaffenheit dieser Markgrafschaft an, daß die Anzahl der Neugebornen jene der Verstorbenen im Durchmesser immer um 157 übersteige; im eben zurückgelegten betrug der Überschuß 202. Ein anderer gewisser Beweis von der Vermehrung der Menschen in dieser Markgrafschaft ist, daß viele Kirchen und Schulhäuser, die ehedem geräumig genug waren, jetzt nach und nach erweitert werden müssen.

Produkten. In Ansehung der Produkten muß ich folgendes erinnern. Aus dem **Mineralreich** findet man

a. **Erd- und Sandarten**: Wasentorf, der aber nicht benutzt werden soll, weißen Thon, woraus gutes, etwas feineres Geschirr verfertigt und in Menge zu diesem Gebrauch auch außer Land verführet wird; grauen, gelben und blaulichten Thon, wovon ebenfalls nicht nur gutes Geschirr, sondern auch dauerhafte Ziegel gebrannt werden, allerhand Gattungen Mergel und Kies, etwas Salpetererde, wovon Salpeter gesotten wird.

b. **Stein- und Erzarten**, wie auch Versteinerungen. Kalch- und Tropfsteine, Marmor, der zwar nicht von feiner hochen Farbe, aber doch von ziemlicher Härte ist. Sand- und Kieselsteine, wie auch Spat und Quarz von verschiedenen Farben. An Metallen bricht in diesen Gegenden ein silberhaltiges Bleierzt, aber sehr nesterweise, nicht als wenn es gänzlich ausbleibe, sondern es nimmt in der Stärke des Gangs in der Quantität ab und zu. Die Qualität bleibt immer die nämliche. Der Benutzungsart desselben werde ich bei einer andern Gelegenheit erwähnen. An Versteinerungen will man folgende Stücke, als in eine weiße Erde verwandeltes Holz, versteinerte Konchylien, Abdrücke davon, versteinerte Eichenschwämme und dergleichen gefunden haben.

Die Steinbrüche werden, so wie alle in dem Schoße der Erde erzeugte Produkten als ein Regale des Landesherrn betrachtet und für deren Benutzung wird eine, jedoch geringe Rekognition an die Herrschaft entrichtet.

Die Produkten aus dem **Pflanzen- und Tierreiche** nehme ich wieder wie oben unter dem Ausdruck Landwirtschaft zusammen. Dabei kommen folgende Rubriken vor.

A. **Viehzucht.** In denen im Spätjahr 1784 eingesandten Viehtabellen wird die Anzahl der Pferde auf 1908 — davon brauchbar 1618; des Rindviehs auf 7579 — darunter nutzbar Kühe 506, brauchbare Zugochsen 2881; der Schafe auf 1300; der Ziegen oder Geißen auf 3803; der Schweine auf 4827 Stücke angegeben. Daraus ist zu ersehen, daß das Pferd in dieser Gegend keinen so beträchtlichen Vorzug vor dem Ochsen hat, wie in der Herrschaft Mahlberg. Im ganzen solle die Viehzucht in diesem Oberamt durch die fast durchgehend eingeführte Schweizerfarren seit einigen Wochen ziemlich verbessert worden sein.

Die meiste Pferde sollen entweder noch ganz jung oder schon erwachsen vom Schwarzwalde, aus dem Fürstenbergischen und Württembergischen erkauft und wenige im Lande selbst erzogen werden. Als ein großer Fehler und

Hindernis im Wachstum wird angegeben, daß sie allzujung und öfters schon im dritten, ja auch wohl im zweiten Jahre zu aller Arbeit gebraucht werden. Mehrere dortige Unterthanen sollen bei dem hiesigen fürstlichen Marstallamte um Beschälhengste angehalten haben und auf diese Art werden die, auf Verbesserung der Pferdezucht abzweckende, in dem dritten Band der Gerstlacherischen Sammlung der badischen Verordnungen Seite 433 et seq. enthaltene Verordnungen, auch dort eingeführet werden. In einer derselben — Beschälordnung genannt — heißt es:

„Sollen die Ortsvorgesetzte ein wachsames Auge haben, daß die Unterthanen ihre Fohlen nicht eher, als bis sie wenigstens drei Jahre völlig alt sind, zum Frohnen gebrauchen, indem dieselben sonst durch den allzufrühen harten Gebrauch an Wachstum gehindert und auf beständig ruinieret werden. Auch daß die Stuten sechs Wochen vor und sechs Wochen nach dem Fohlen von allen Frohnden befreiet sein sollen."

Allein diese nützliche Vorschrift scheinet mir zu eingeschränkt und mithin keineswegs hinreichend; auch ist sie in der Markgrafschaft Hochberg bei der gegenwärtigen Frohndeinrichtung, wovon ich bei einer andern Gelegenheit erwähnen werde, nicht anwendbar.

Die der Aufnahme und Verbesserung der Rindviehzucht dort bishero im Wege gestandene Haupthindernisse nimmt der oben erwähnte Herr Landphysicus l. cit. in folgendem zusamm:

1. Die junge Zugochsen werden zu frühe und oft schon in dem Alter von zwei Jahren gebraucht.

2. Die junge Kühe werden allgemein schon im zweiten Jahre, manchmal auch im ersten Jahre zugelassen und also noch sehr jung zu Kühemüttern gemacht.

3. Die Anzahl der Farren oder Wucherstiere ist in Ansehung der beträchtlichen Anzahl Kühe zu gering. Auf hundert und mehr Stück Kühe sind kaum zwei Farren zu rechnen. Diese verlieren dadurch alle Kraft und jene werden gar nicht mehr tragen und zeugen nur schwache und kleine Kälber.

Die Anzahl der Schafe ist im Verhältnis der Größe des Oberamts gering. Der Mangel an Brachfeldern solle die Anlegung wirklicher Schäfereien unmöglich machen. Ueberdies bleiben sie immer klein und werden von den Innwohnern meistens nur aus der Absicht gehalten, um die in die Haushaltungen erforderliche Wolle nicht erkaufen zu müssen.

Von der Schweinzucht will ich nur erinnern, daß die Anzahl der Eber gegen jene der Mutterschweine zu gering und in keinem Verhältnis stehen solle. Der dortige Landmann ziehet das Schweinenfleisch allem übrigen vor und giebt sich also aus dieser Ursache etwas mehr mit diesem Zweige der Landwirtschaft ab. Handel solle keiner damit getrieben, im Gegenteil noch viel vom Auslande erkauft werden.

Der Vermehrung der Geißen oder Ziegen widersetzet sich das Oberforstamt, weil kein Tier denen jungen Bäumen mehr Schaden zufüget, als diese, und weil die deshalb ergangene Verordnungen bei der Ausführung mancherlei Schwierigkeiten unterworfen sind.

Die große und kleine Jagd, wie auch das Fischwasser sind Regalien des Landesherrn und können also hier in keinem Anschlag gebracht werden. Jene wird von den aufgestellten fürstlichen Jägern exercieret; diese aber sind an Private verpachtet.

B. Ackerbau. Da die Markgrafschaft Hochberg eine vortreffliche Lage und einen fruchtbaren Boden hat, der größenteils aus einer guten, in das schwarze fallenden Gartenerde, oder aus einer zähen, sowohl leichten als schweren thonartigen Erde bestehet, und da es dem dortigen Landmann auch nicht an Thätigkeit und Industrie fehlet, so ist der Ackerbau im großen Flor.

Ich will hier, ohne die Behandlungsart dieses viel umfassenden Gegenstandes auseinanderzusetzen, nur die Hauptprodukten der Markgrafschaft Hochberg bezeichnen.

Jeder Ort hat hierin nach Verschiedenheit seiner Lage ein anderes. Die nächst bei Freiburg gelegene nähren sich größtenteils vom Feldbau; die diesseits des sogenannten Kaiserstuhls hauptsächlich vom Kraut- und Hanfbau, und die an eben erwähntem Gebirge gelegene meist vom Weinbau. Die Thal- oder Waldorte hingegen von der Holz- und Viehzucht, und diese sollen die glücklichste sein: sie liegen nicht geschlossen, sondern in einzelnen Höfen zerstreuet, wovon jeder seine besondere Ackerfelder, Wiesen, Waldungen, Weidgänge und Grenzen oder Marktum hat. Die meiste dieser Höfe sollen aus einem Bezirk von hundert und mehr Juchert Feld — jede zu 360 Quadratruten gerechnet — bestehen; dazu trägt die Unteilbarkeit derjenigen Grundstücke, die einmal zu einem solchen Hofe gehören, das meiste bei; es besitzet selbe nur einer allein, der seinen Miterben nach und nach hinausbezahlt. Der größte Teil der erwähnten Höfe hat für den Feldbau keine vorteilhafte Lage; die beste Felder tragen nur ein oder zwei Jahre nach einander Frucht: alsdann werden sie wiederum sechs und mehrere Jahre zu Grasgarten und Futterfelder gebraucht. Die öde Berge können nur alle 12 oder 15 Jahre einmal durch mühesames Abnehmen, Dörren und Verbrennen des Wasens und Unkrauts, fruchtbar gemacht, die übrige Zeit aber nur als Weide benutzet werden.

Welche Fruchtgattungen im Hochbergischen am meisten gebauet werden und ob sie gegen einander in einem gewissen Verhältnis stehen, giebt folgende Anblümungstabelle an die Hand. Sie wurde zwar schon im Jahre 1774 verfertiget und seitdem, ich gestehe es zwar, kann und wird sich vermutlich vieles geändert haben; allein ich konnte vieler Mühe ohngeachtet keine neuere erhalten und meinen oben berührten Endzweck erreiche ich doch auch durch diese wenigstens einigermaßen.

Anblümungstabelle von Hochberg de anno 1774:
Mit Weizen 2130 Juch., Roggen 3559, Dinkel 8½, Einkorn 6, Kraut 93, Gerste 2966½, Ackerbohnen 303, Erbsen 13½, Linsen 2, Wicken 108¾, Lewat 222¼, Hirsen 4, Magsamen 9¼, Welschkorn 220, Haber 762, Hanf 950¼, Flachs 3½, Klee 112¼, Brachrüben 251¾, Stupfelrüben 1753, Erdäpfel 703½, die Matten und Gärten betrugen 6037½, die Reben 2263½, die Brachfelder 2167.

Von diesen, nämlich denen Brachfeldern muß ich folgendes erinnern, damit ich mir nicht selbst zu widersprechen scheine. Die dritte Zelge oder Flur pflegt man hier durchgehends Brachfeld zu nennen, ob sie gleich nicht brach liegen bleibt, sondern mit verschiedenen Kreszenzien, die ich oben bei der Herrschaft Mahlberg anführte, beflanzet wird.

Klee wird seit einigen Jahren etwas mehr gebauet.

Was die Grundbirn anbetrifft, so sollen im abgewichenen Jahre nur jene eine volle Ernte gemacht haben, welche die Setzlinge oder sogenannte Saat-Grundbirn von andern entfernteren Orten erkauften; dies wäre also ein neuer Beweis, wie gut es seie, mit den Saatfrüchten abzuwechsten.

Das Kraut, welches an einigen wenigen Orten dieser Markgrafschaft das Hauptprodukt ausmacht und wovon jährlich viel außer Land verkauft werden solle, wird nicht auf dasjenige Feld, worin man solches groß ziehen will, ausgesäet, sondern die noch ganz schwache Pflanzen oder Setzlinge werden in gehöriger Entfernung, so viel möglich, linienweise, versetzet; die äußere grüne Blätter dienen zu einer sehr guten Spätjahrsfütterung.

Das Stroh oder die Stengel vom Welschkorn, Lewat, Ackerbohnen, Grundbirn, Wicken, Magsamen läßt der Landmann nicht unbenützet, er verbrennet selbe entweder auf dem Felde, oder er führet sie nach Hause, breitet sie den Winter über in seinem Hofe oder an andern Orten also aus, daß es vom Vieh betreten, von Mistpfützen befeuchtet und mürb gemacht werden könne. Im Frühjahr wird es mit andern Dung vermengt und wiederum auf die Äcker geführet.

Der Hanfbau ist für die ganze Markgrafschaft Hochberg von äußerster Wichtigkeit, indem dadurch jährlich eine beträchtliche Summe Geldes vom Auslande gewonnen wird. Indessen wird der meiste Hanf doch nur in Theningen, Könbringen und den nächst dabei liegenden Ortschaften gebauet; die dortige Bürger begnügen sich aber nicht mit dem allein, was sie auf ihren eigenen Feldern erziehen können, sondern sie kaufen gewöhnlich in anderen Gemarkungen noch mehr, und zwar, wenn er noch auf dem Felde stehet, also auf Spekulation zusammen, und nachdem sie denselben gehörig zubereitet haben, suchen sie ihn erst gegen Geld umzusetzen. In einem dieser Orte, Malterdingen genannt, wird wöchentlich ein beträchtlicher Hanfmarkt gehalten. Der Hanf wird, wenn er aus der Räße kömmt, größtenteils auf dem Felde durch die Sonnenhitze oder Luft getrocknet. In den hiesigen

Gegenden geschieht solches auf besondern Dörröfen durch das Feuer, wodurch er öfters zu sehr angegriffen werden solle. Dieser verschiedenen Behandlung will man den Vorzug, der dem hochbergischen Hanf durchaus zugestanden wird, zuschreiben; ich glaube aber, daß das Wasser nicht wenig dazu beiträgt. Der größte Teil dieses Produkts wird nur gehechelt, öfters auch nur gebrochen außer Lands verführet. Um den damit aus dem Lande gehenden Verdienst im Lande zu erhalten und somit mehrere Hände zu beschäftigen und zu ernähren, wurden von dem Herrn Oberamts-Verweser, Geheimen Hofrat Schlosser schon mehrere Vorschläge gethan, und dieses war die erste Veranlassung der in Emmendingen errichteten Hanf- und Baumwollen-Manufaktur, wovon unten ein mehrers.

C. Der Wiesenbau ist in der Markgrafschaft Hochberg überhaupt in der größten Vollkommenheit und wird dahero andern Gegenden zum Muster vor gestellet. Die Wiesen oder sogenannte Matten werden mit vieler Sorgfalt und auf folgende Art zu einem bessern Ertrag gebracht: sie werden, so viel möglich, eben gemacht, und daher die darauf befindliche Erhöhungen abgenommen, die tiefsten aber im Gegenteil aufgefüllet. Man sucht ihnen, wo es thunlich ist, eine abhängige Lage zu geben: alles, damit kein Wasser darauf stehen bleibe; ist es aber nicht möglich, solches auf eben erwähnte Art zu bewerkstelligen, so werden besondere Abzugsgräben aufgeworfen. Statt des Dungs oder einer andern Art Besserung bedient man sich größtenteils nur des Wassers, dessen Leitung fast allgemein zu großer Aufnahme der Landwirtschaft künstlich eingerichtet ist. Im Frühjahr werden die Wiesen nur wenig und nur zu dem Ende bewässert, um das sich darauf aufhaltende Ungeziefer dadurch zu vertreiben. Den Sommer hindurch geschiehet es ebenso selten und nur unter gewissen Umständen, als bei anhaltender großer Hitze. Im Herbst ist selbe am gewöhnlichsten. Bevor man aber zu wässern anfängt, werden die Wässerungs-Gräben sorgfältig geöffnet, gesäubert und so geführet, daß das Wasser auf alle Flecken geleitet werden könne. Des bei Eröffnung und Säuberung der Gräben ausgestochenen Wasens bedienet man sich entweder zu Ausfüllung der Tiefen, oder derselbe wird auch auf die Felder geführet, wo er die Stelle des besten Dungs vertritt.

D. Weinbau. Der größte Teil der Markgrafschaft Hochberg bauet Wein, und derselbe macht das Hauptprodukt mehrerer Ortschaften aus. Überhaupt genommen solle das Gewächse selbst an den meisten Orten noch immer unter die geringen Sorten gehören. Der Einführung ausländischer besserer Sorten stehet nichts, als das Vorurteil des Landmanns entgegen, welcher überzeugt zu sein glaubt, daß diejenige Rebsorten, die viel Wein geben, ihm vorteilhafter seien, als jene, aus welchen er einen bessern, aber weniger macht.

Mehrere, und unter diesen auch Herr Kirchenrat Sander und Herr Kammerrat Enderlin, ersterer zu Köndringen und der andere zu Bötzingen, also an verschiedenen Orten und unterschiedenen Boden, haben in ihren eigenen Weinbergen mehrere ausländische Rebsorten mit gutem Erfolg gepflanzet; aber diese Beispiele sollen bishero noch wenig gewirket haben. So wie auf einer Seite dieser Umstand einige Rücksicht verdienet, so sahe sich auf der andern die fürstliche Rentkammer schon vor einigen Jahren zu verordnen gemüßiget, um der Neigung zum Weinbau, die in den Reborten so sehr über Hand genommen habe solle, daß oft die beste Fruchtäcker, deren Lage zum Weinbau nicht einmal geschickt war, zu Reben angeleget worden, Schranken zu setzen „daß in Zukunft kein Stück Land ohne vorhergegangene Beaugenscheinigung vonseite des Oberamts und dessen Genehmigung zu Reben angelegt werden könne und solle".

Nahe an der Stadt Emmendingen stehet ein herrschaftliches Rebstück von 14 Morgen, welches in dortiger Gegend den besten Wein liefern sollte; der Verkauf desselben wurde fürstlicher Rentkammer schon mehrmals angeraten; allein diese blieb bishero ihrem Satz getreu: „daß es sehr ratsam seie, in jedem Oberamt einige herrschaftliche Güterstücke und dann besonders in diesem, wo so viel und zum Teil schlechter Wein gebauet werde, einige Rebstücke beizubehalten, um Gelegenheit zu verschiedenen, mit fremden Rebsorten vorzunehmenden Versuchen zu haben, wovon man, wenn sie der Erwartung entsprächen, denen Unterthanen Setzlinge mitteilen könnte".

Ich übergehe die Behandlungsart des Weinbaues und bemerke nur, daß die Trester, aus welchen der Wein gepreßt wurde, in Fässern zusammengetreten — wobei die Ausdünstung so viel möglich verhindert wird — nach der Gährung den besten Stoff zu einem Branntwein enthalten; ein dergleichen Getränk wird auch aus den Hefen, die sich durch die Gährung des Mosts bis in das nächste Frühjahr zu Boden setzen, gebrannt.

E. Obstbau. Äpfel, Biren, Kirschen, Zwetschgen und Nüssen sind die gewöhnlichste Obstgattungen in dortiger Gegend. Von denen vier ersteren solle in fruchtbaren Jahren sowohl frisch als gedörrt an die ausländische Nachbarn verkauft werden. Aus den Kirschen von mittlerer Größe und den kleinsten wird in einigen Ortschaften jährlich sehr viel Kirschenwasser oder vielmehr Kirschengeist gebrannt und auf Bestellungen in Menge nach Frankreich, ja sogar bis nach Hungarn und St. Petersburg verführt, ohne dasjenige in Anschlag zu bringen, was sowohl im Lande als auch in der Nachbarschaft in kleinern Portionen verkauft wird; und auf diese Art gewinnt der dortige Landmann durch dieses Produkt vieles Geld. Aus denen Zwetschgen wird ebenfalls ein Branntwein gemacht, und aus den Nüssen wird Öl geschlagen. Küchengemüse giebt es hier von aller Art in hinlänglicher Quantität und hie und da von vorzüglicher Güte.

F. Holzkultur. Diese stehet durchgehends unter der Aufsicht des Oberforstamts, obgleich die herrschaftliche Waldungen nur ohngefähr 4000 Morgen, also einen geringen Teil der ansehnlichen hochbergischen Waldungen ausmachen;

da sie noch nicht alle, sondern nur stückenweise vermessen sind, so kann ich auch nicht angeben, wie viel sie im Maße betragen; dieses Geschäft wurde erst vor kurzem neuerlich anbefohlen und es soll wirklich schon der Anfang damit gemacht worden sein.

Ausfuhr. Die Hauptrubriken der Ausfuhr oder derjenigen Produkten, deren Verkauf dem Landmann das zu Abtragung der herrschaftlichen und anderer Schuldigkeiten, dann zu Ankaufung der nicht selbst erzeugenden mancherlei Bedürfnisse benötigte Geld verschaffet, habe ich bereits angeführt: sie bestehen größtenteils in Rindvieh, Frucht, Hanf, Wein, etwas wenigem an Obst und denen daraus gebrannten Getränken.

Einfuhr. Da aber zu Unterhaltung der Menschen außer den eben erwähnten noch mehrere Produkten erfodert, solche aber in der Markgrafschaft Hochberg nicht erzeugt, mithin auswärts erkauft werden müssen, so verstehet es sich von selbst, daß alle dergleichen Bedürfnisse unter die Rubrik Einfuhr genommen werden.

Bilanz. Ob der Aktiv- den Passivhandel überwiege, d. h. ob die Produkten, welche die Unterthanen der Markgrafschaft Hochberg jährlich ausführen, mehr an Wert betragen, als die Waren, die sie auswärts erkaufen müssen, ist eine Frage, die ich nur auf folgende Art zu beantworten imstande bin. Dergleichen Bilanzen kann man nach meiner Ansicht nur mit Hülfe der Zollmanualien ziehen. Im Hochbergischen wird aber kein Zoll erhoben, mithin hat man nichts, worauf man bei einer dergleichen Arbeit fußen könnte. Wahrscheinlicher Weise und aus folgendem Grunde aber übersteigt der Aktiv- den Passivhandel, weil, ohngeachtet dort kein Geld geschlagen wird, die Unterthanen ihrem Landesfürsten doch jährlich eine beträchtliche Summe bezahlen, von welcher nichts mehr dahin zurückfließet. Gewönnen sie aber dieselbe nicht wieder jährlich vom Auslande, so würden sie in einem Zeitraum von wenig Jahren arm sein.

Preis der Lebensmittel. Alle zur Erhaltung des Menschen erforderliche Bedürfnisse stehen dort, in Vergleich mit den hiesigen Gegenden, in etwas höherem Werte, welches der Konkurrenz der Käufer, wozu die Lage der Markgrafschaft vorteilhaft ist, und dem Umstande, daß die dortige Früchte die hiesige an Vollkommenheit und Güte übertreffen, zuzuschreiben wäre.

Denkungsart. Religion. Vermögenszustand der Unterthanen. Dem hochbergischen Landmann gebühret im allgemeinen das Lob eines emsigen, alles wohl zu Rate ziehenden Landmanns, der sich auch in seinen Bedürfnissen mehr, als seine Nachbarn einzuschränken weiß. Nur inbetreff des Bauwesens macht man demselben den Vorwurf, daß er dabei mit dem Holz nicht sparsam genug umgehe. Abgesottene Grundbirn mit frischem Butter und Salz ist seine Hauptnahrung und Wein sein Hauptgetränk. Bei benen etwas Vermöglicheren wird jährlich sehr viel Schweinefleisch verzehret. Bier wird nur den Sommer hindurch in einigen Wirtshäusern ausgeschenkt; da aber selbes nicht im Lande gebrauet, sondern von Straßburg und Lahr gebracht wird, so stehet es öfters in höherem Werte als der Wein.

Die evangelisch-lutherische Religion ist in der Markgrafschaft Hochverg die herrschende. Die Anzahl der Katholiken, welchen — außer in den Kondominats-Orten Prechthal und Bötzingen — kein exercitium religionis zugestanden wird, der Reformierten, Juden und Wiedertäufer ist unbeträchtlich.

Im ganzen stehet dieses Oberamt gut und solle unter dem gegenwärtigen Oberbeamten, Herrn Geheimen Hofrat Schlosser, der äußerst thätig ist, große Fortschritte gemacht haben.

Gewerbe. Manufakturen. Ich muß hier wiederholen, daß die Viehzucht, der Frucht-, Hanf- und Weinbau den beträchtlichsten Nahrungszweig der hochbergischen Unterthanen ausmachen; denn die übrige Arten von Gewerben, als Steinbrüche, Ziegeleien, Töpfer-Arbeiten, Branntwein-Brennereien u. dgl. sind von zu geringer Bedeutung.

Mit Anfang des Jahres 1784 wurde in Emmendingen von einem Entrepreneur eine Hanf- und Wollen-Spinnerei errichtet. Zu Erkaufung 2 dazu benötigten Häuser und Gärten wurde ihm aus den herrschaftlichen Kassen die Summe von 8110 Gulden, zu Einrichtung der Gebäude aber 2890 fl. also vorgestrecket, daß er den ersten Vorschuß 10 Jahre ohne Zinse, den letztern eben so viele Jahre gegen 2 von hundert genießen könne; solle er jenen nach Verfluß des Termins zurückzuzahlen nicht imstande sein, so wird er ihm noch einige Jahre gegen 4 von hundert überlassen. Wegen dem Unterricht der Kinder und Weber, wie auch wegen Einrichtung der Spinnschulen wurde dem Entrepreneur die Gratifikation von 50 Louisdor verwilliget. Seit diesem wurden demselben abermals 2000 Gulden zu Erbauung eines Webereigebäudes und dessen Einrichtung vorgeschossen, und erst kürzlich hat er um ein weiteres Anlehen von 11000 Gulden, dessen Verwilligung von der abgeforderten Erklärung abhängt: ob er nämlich a. dafür sein gegenwärtiges und zukünftiges Vermögen unter der Mitunterschrift seiner Frau und Kinder verpfänden und b. in den ersten Jahren $2^{1}/_{2}$ pro Cento, dann in 4 Jahren 3 und 7 Jahren 4 pro Cento entrichten, vom vierten Jahre an aber jährlich 1000 Gulden am Kapital selbst wieder zurückzahlen wolle.

Seit wenigen Jahren und auf Veranlassung des öfters erwähnten Geheimen Hofrats Schlosser wird in der Markgrafschaft Hochberg an drei verschiedenen Orten silberhaltiges Bleierz gegraben. Eine jede dieser Gruben ist in eine bestimmte Anzahl Kuxen verteilt, und diese werden gegen den Ankauf von etlichen Gulden und einen geringen Quartalbeitrag an die Liebhaber überlassen. Wegen beträchtlichen Baukosten warfen selbe bisher noch nichts ab, aber man hofft, wenn sie mit der Zeit der nicht ungegründeten Erwartung entsprechen sollen, daß diese Art von Gewerbe dem dortigen Nahrungsstande einen noch lebhaftern Betrieb verschaffen werde.

Im abgewichenen Frühjahr erhielt die Stadt Emmendingen die Erlaubnis, alle Monat einen Viehmarkt zu halten; denen Juden, die selben besuchen, wurde eine zweitägige Geleitsfreiheit, allen Käufern und Verkäufern aber die Befreiung von Weggeld auf drei Jahre zugesichert. Man glaubt, daß diese Anstalt den dortigen Landmann zu besserer Viehzucht aufmuntern werde; die beträchtlichste Beweggründe dazu aber waren a. weil der Landmann sehr oft gerade zu der Zeit der bort schon gewesenen vier Jahresmärkte vom Gelde entblößt und daher außerstande ist, Vieh zu kaufen; b. weil die Verkäufer die Viehmärkttäge nicht immer so halten können; c. weil auch die in- und ausländische Metzger oft genötiget sind, auf dem Lande herumzufahren, um das benötigte Vieh einzukaufen, womit sie nicht nur viele Zeit verlieren, sondern auch das Vieh sehr verteuern.

Folgende Verordnung scheinet nicht minder zu Beförderung des Gewerbes abzuzwecken.

„Alle und jede, welche den Webern in der Markgraffschaft Hochberg Geld zum Erkauf des Garns vorstrecken oder selbst Garn leihen, sollen im Falle eines über das Vermögen eines solchen Webers entstehenden Gants ein Vorzugsrecht haben und zwar unmittelbar nach den Gläubigern, welche ein stillschweigendes Unterpfand haben, zwischen der 13. und 14. Klasse kollocieret werden, auch ihnen, wenn das für das geliehene Geld erkaufte oder das geliehene Garn, es seie nun solches schon verwoben oder nicht, bei dem Weber vorhanden wäre, dessen Hinwegnehmung jure separationis gestattet werden". \id. Bab. Gesetzgebung Seite 102.

Gewässer. Diese Gegend ist mit 6 Flüssen, mehreren Bächen und Quellen versehen; unter den erstern zeichnen sich

a. der Rheinstrom, der nur etwa eine Stunde in der Markgraffschaft Hochberg fließet und die Grenze der hohen Gerichtsbarkeit zwischen der Krone Frankreich und dem Haus Baden ausmachet, wegen seiner Größe, und

b. der Elzfluß, der mehrere badische Bänne durchströmet, wegen den öfters verursachten Ueberschwemmungen, vorzüglich aus.

Die Ufer sowohl als der Boden eben erwähnten Flusses bestehen aus allerhand Kiesel- und Pflastersteinen; da diese sehr locker auf einander liegen und der Fluß ohnehin sehr reißend ist, so suchet dieser bald da bald dort einen neuen Weg mit Gewalt. Die nächst dabei gelegenen Ortschaften, worunter die Stadt Emmendingen, haben schon sehr oft Schaden gelitten; die Bewohner eines dieser Dörfer, Kollmarsreute genannt, welches öfters ganz unter Wasser gesetzt und dadurch feucht und ungesund gemacht wurde, haben ihre vorige Wohnplätze verlassen und sich näher gegen die Berge angebauet; diesen Sommer standen bereits 9 neue Häuser samt Scheuer und Stallung fertig. Durch sorgfältige Anpflanzung der Weiden und Erlen an denen Ufern und auf den Spornwerken, wodurch man zugleich in einem Zeitraum von 3—4 Jahren alle zum Flußbau nötige Faschinen zu erhalten hoffet, hat man mit gutem

Erfolg allem fernern Schaden vorzubeugen getrachtet und mit den Dammarbeiten wird unter der Aufsicht des dortigen Landcommissarii fortgefahren. Unter der großen Anzahl Quellen werden nur 3 zu Bädern, welche aber wenig Aufmerksamkeit verdienen sollen, gebraucht.

Münzfuß, Maß, Feldmaß. Der Münzfuß und die Münzen sind die nämliche, wie in der Herrschaft Mahlberg.

Bei dem **Frucht-Maß** wird das Freiburger — welches bei den herrschaftlichen Speichern zu Emmendingen angenommen ist — von dem sogenannten Endinger unterschieden. Nach ersterm hat 1 Sester 3 Imi oder 4 Vierling, 1 Viertel 6 Sester, 1 Mutt 4 Sester, 1 Vierling 4 Meßlin, 1 Imi 1 Vierling 1$^1/_3$ Meßlin. Letzteres oder das Endinger ist etwas größer.

Das **Fuder Wein** hält 8 Saum, der Saum 20 Viertel, das Viertel 4 Maß, das Maß 4 Schoppen. Dieses ist aber nicht in allen Ortschaften gleich; bei einigen ist ein größeres, bei anderen ein geringeres Maß eingeführet.

Ebenso verhält es sich mit dem **Feldmaß**. Der größte Teil hat auf denen Äckern, Matten, in denen Gärten und Reben gleiches Feldmaß, nämlich Juch und Mannshaut.

1 Juch hat gleich 8 Mannshaut oder nach dem geometrischen Decimalmaß 360 Quadrat-Ruten, 1 Zweitel hat 6 Mannshaut, 1 Mannshaut enthält 45 Quadrat-Ruten.

Aufgestellte fürstliche Beamte.

A. Civil-Bediente.

1. Die Markgrafschaft Hochberg wurde, wie die Herrschaft Mahlberg, immer von 2 Oberbeamten, nämlich von einem adeligen Landvogt und einem bürgerlichen Rechtsgelehrten unter dem Name Landschreiber mit Rats-, Hofrats-, auch Geheimen Hofrats-Charakter verwaltet. Bei dem Absterben des letztern Landvogts aber übertrug man diesen Dienst dem Herrn Geheimen Hofrat Schlosser unter dem Charakter eines Oberamtsverwesers.

2. Diesem ist Herr Sander unter dem Prädikat eines Oberamts-Assessors beigegeben.

3. Die auf dem Lande angestellte 5 Landskribenten stehen unter der Aufsicht des Herrn Stadtschreibers, welchem überhaupt das ganze Teilungs-revisions-Geschäft übertragen wurde. Dieser solle sehr wachsam und unermüdet sein und dahero sind auch die Landskribenten, von denen er die genaueste Rechenschaft abfodert, in diesem Oberamt nicht so sehr sich selbst überlassen, wie es sonst zu geschehen pflegt. Die dortige Verfassung des Sportelwesens, dessen Rechnungsführung mit diesem Dienst verbunden ist, solle in ihrer Art die vollkommenste sein.

4. Bei der Oberamts-Stube sind 4 Skribenten angestellt.

5. In diesem Oberamt werden 5 Hatschiers unterhalten, die unmittelbar unter dem Oberbeamten stehen.

B. **Kameral-Bediente.**

6 Herr Oberforstmeister.

7. Der Forstverwalter besorget gegenwärtig auch die Frevelverwaltung und hat 1 Skribenten.

8. Bei diesem Oberforstamt sind 7 Förster und 4 sogenannte Abjunkten angestellet.

9. Die dortige Burgvogtei ist in Ansehung ihres Umfangs eine der größten verrechneten Bedienstungen; die Hauptgefälle bei diesem Dienst bestehen in Zehnten, Zinsen und andern Domanial-Einkünften. Jene werden größtenteils jährlich um ein bestimmtes Quantum an Geld oder Frucht denen Meistbietenden überlassen; nur die beträchtlichere Fruchtzehnten werden in natura erhoben. Diese, nämlich die Geld-, Frucht- und Wein-Zinse, sind bei erwähnter Verrechnungs-Stelle von außerordentlicher Menge und Verschiedenheit; daher erfodert auch die Führung und Richtigstellung der nötigen Zinsbücher die größte Genauigkeit und sehr viele Mühe. Gegenwärtig hat der Herr Burgvogt 3 Skribenten in der Schreibstube angestellet.

10. Die Schatzungs-Einnehmerei hat vorzüglich die Landesschatzung oder Steuer, außerdem aber einige andere Gefälle, als z. B. das Ohmgeld mit der Burgvogtei zu erheben. Die Landskosten samt den unter der Schatzung begriffenen Reichs- und Kreis- auch allgemeinen Landbedürfnisgeldern werden ebenfalls von dieser Bedienstung repartiert, erhoben und verrechnet.

11. Die Haupt-Gefälle bei der geistlichen Verwaltung bestehen in Zehnten, Gülten, Zinsen; die Haupt-Ausgabs-Rubriken aber in Salarierung der Geistlichen und in Erbauung und Unterhaltung verschiedener Kirchen und Pfarrgebäude.

12. Der Landcommissarius hat gegenwärtig nebst der Aufsicht über verschiedene Polizei-Gegenstände auch die Frohnd-Verwaltung unter sich.

13. Der in Emmendingen wohnende Land-Baumeister besorget die herrschaftliche Bauwesen in benen gesamten Oberlanden. Außer diesem ist in dem Oberamt Hochberg noch ein Werkmeister aufgestellet.

14. Der Hof-Küfer stehet unter dem Burgvogt und hat unter Direktion desselben die Aufsicht über die herrschaftliche Kellereien in diesem Oberamt und die dabei angestellte Küferknechte.

15. Die gesamte Geistlichkeit stehet unter dem Superintendenten der Diöcese Hochberg, Herrn Kirchen-Rat Sander.

Derselben Besoldungen.

1. Der Herr Ober-Amts-Verweser hat 2000 Gulden.

2. Die bei Oberamt angestellte Skribenten beziehen jährlich an Kostgeld jeder 200 Gulden, dann folgendes Salarium, nämlich: der erste 100 Gulden, der zweite 85 Gulden, der dritte 52 Gulden.

3. Der Landcommissarius hat an Geld 200 Gulden, Roggen 6 Malter, Dinkel 12 Malter, Wein 12 Saum, Holz 8 Klafter, Fourage auf ein zu haltendes Dienstpferd, welche in 16 Malter Haber, 36 Zentner Heu und 100 Bund Strohe bestehet. Ferneres einen bestimmten Anteil an den durch ihn rügenden Strafen.

4. Ein Teilungscommissarius beziehet täglich 1 Gulden Gebühr von Verfertigung der Inventuren und Teilungen und nebstdem 30 kr. Pferdelohn, auch 30 Kr. für Pferdefutter in Fällen, da er ein Pferd zu halten nötig hat.

Die übrige Geschäfte haben ihren besondern, beinahe bei jedem Geschäfte sich verändernden bestimmten Tax.

5. Der Oberamts-Physicus hat zur Besoldung Geld 61 fl., Weizen 8 Malter, Roggen 8 Malter, Wein $1/2$ Fuder, Holz 20 Klafter. Fourage auf 1 Pferd, wie oben sub num. 3 bemerket ist.

6. Land-Chirurgus beziehet keinen Gehalt, sondern muß von seiner Profession leben und hat blos den Character als eine Distinktion vor andern Chirurgis.

7. Burgvogt hat an Geld 370 fl. 28 kr., Weizen $12^1/_2$ Malter, Roggen $12^1/_2$ Malter, Wein 20 Saum.

NB. Hierunter ist das Traktament für einen Schreiber begriffen. Ferner hat derselbe Fourage auf 1 Pferd, freie Wohnung und übrige zum Dienst geordnete Beinutzungen.

8. Einnehmer hat an Geld 206 fl., Weizen 8 Malter, Roggen eben so viel, Wein 8 Saum, Brennholz 10 Klafter, Fourage auf 1 Pferd. Einzugsgebühr per Gulden einen halben Kreuzer, und freie Wohnung. Nota. Die Einzugsgebühr belauft sich beinahe auf eben so viel als die Geldbesolbung.

Von meinen Beschäftigungen während dem Aufenthalte in Emmendingen.

Den 4ten September kam ich da an und stieg in dem Posthause, wo der Herr Geheime Hofrat Schlosser schon vorläufig für mich ein Zimmer bestellt hatte. Man wies mir jenes an, welches der Prinz Heinrich von Preußen bewohnte, als selber im Sommer 1784 unter dem Name Comte d'Oels über Karlsruhe, Freiburg und Montbéliard ꝛc. nach Paris reiste.*

Den folgenden Tag speiste ich bei Herrn Baron von Zinck, mit dem ich nach der Tafel auf das Schloß Hochburg fuhr. Es liegt auf einem Berge und war die Residenz einiger hochbergischen und badischen Margrafen, wurde aber im Jahre 1688 von denen Franzosen eingenommen und das folgende Jahr von eben denselben zerstört. Seit dieser für den größten Teil von Deutschland höchst traurigen Epoche, mithin in einem Zeitraum von beinahe

---
* Vergl. über diesen Aufenthalt des Prinzen Heinrich von Preußen in Emmendingen auch Polit. Korrespondenz Karl Friedrichs 1, 78.

hundert Jahren, ist von demjenigen, was noch von eben erwähnter gewalt=
samen Verwüstung übrig geblieben ware, ein beträchtlicher Teil von selbst
eingefallen und gehet davon noch täglich mehr zu Grunde. Indessen kann
man doch aus dem Überreste auf seine vormalige Weitläuftigkeit und Feste
schließen. Von derjenigen Mauer, welche den obersten und höchsten Teil
dieses Schlosses umgeben hat, stehet noch ein großer Teil; sie ist sehr hoch
und durchgehends von gehauenen Quadersteinen aufgeführet. Auf einem
derselben ist der badische Querbalken nebst der Jahreszahl 1557 noch sehr
deutlich zu sehen.

Die umliegende Grundstücke sind Domanialgüter und schon seit einigen
Jahren an Wiedertäufer verpachtet; sie bezahlen jährlich 100 Louisdor dafür
und müssen zu benen nahe dabei gelegenen herrschaftlichen Weinbergen jährlich
40 Wägen Dung liefern.

Am Fuße dieses Schloßbergs stehet eine kleine Sägmühle, und da die
Bergwerks=Direktion sich zu Emmendingen aufhält, so benutzte dieselbe diesen
Platz zu einem Dörrofen, Schmelzhütte und Pulvermühle; allein alle diese
Gebäude waren damals noch nicht fertig, und am letztern wurde erst zu bauen
angefangen.

Den 6ten nachmittag fuhr ich mit Herrn von Zinck zu dem Herrn
Oberforstmeister Freiherrn von Teufel, an welchen mir der Herr Kammer=
präsident ein Empfehlungsschreiben beischloß. Er wohnet auf seinem nahe
bei Emmendingen gelegenen Gut, Steckenhof genannt; da selber aber nicht
zu Hause war, so kehrten wir frühe wieder zurück und besuchten noch
diesen Abend die Vogli'sche Fabrik, von welcher ich bereits oben ein mehrers
angeführt habe.

Den folgenden ganzen Tag brachte ich bei dem würdigen Herr Super=
intendenten Sander zu Könbringen zu, auf dessen Bekanntschaft ich mich
schon lange voraus freute. Sein Herr Sohn, der bei dem Oberamt als
Assessor angestellet ist, begleitete mich dahin. Der Herr Kirchenrat empfing
mich mit vieler Freundlichkeit und kam allen meinen Wünschen auf eine sehr
gefällige Art zuvor. Er hat sich unter denen in den badischen Landen auf=
gestellten Herrn Specialen von jeher in mehrfachem Betracht, vorzüglich aber
in Rücksicht auf die Landschulen, besonders ausgezeichnet und sehr viel gutes
gestiftet. Er ist außer seinem Hauptfach, der Theologie, fast in allen Wissen=
schaften bewandert, ein Mitarbeiter der Berliner allgemeinen deutschen Bib=
liothek und seine gelehrte Korrespondenz erstreckt sich bis nach Engelland.

In dieser Gegend wird, wie ich oben bemerket habe, sehr viel Hanf
gebauet, der für den besten und schönsten im ganzen Lande gehalten wird;
es fehlet demnach dem Landmann nicht an Gelegenheit zu dessen vorteilhaften
Absatz. Einem Fremden fällt die bewundernswürdige Geschicklichkeit sehr auf,
mit welcher der Bauer den Fimmel herauszuziehen weiß, ohne den Müssel
oder Samen=Hanf, wovon hie und da einzelne Stengel aufschießen, nur im

geringsten zu zertreten oder abzubrechen; dieser bleibt noch viel länger in der Erde, um dem Samen zur Reife die erforderliche Zeit zu lassen. Er wird von denen Nachbarn stark gesucht und in Menge um einen hohen Preis verkauft.

Den 8ten, als am Feste Mariä Geburt, ritt ich nach Freiburg, welches nur 3 kleine Stunden von Emmendingen entfernt ist, in die Kirche. Die Landstraße ziehet durch die Dörfer Waffer, Denzlingen und Gundelfingen; beide letztere sind sehr groß und jenes allein enthält 1000 Seelen. Links schon auf österreichischem Boden siehet man auf einer Anhöhe die Trümmer des Stammhauses der Herzoge von Zähringen; das Dorf gleiches Namens, so am Fuße dieses Berges liegt, reicht nicht ganz bis an die Landstraße.

Freiburg ist, wie bekannt, die Hauptstadt des österreichischen Breisgau und liegt an der Dreisam; sie war vormals eine der wichtigsten Festungen wurde aber im Jahre 1745 geschleifet. Sie gehört unter die Städte von mittelmäßiger Größe, indem sich die Anzahl der Inwohnerschaft mit Ausschluß der Garnison auf ohngefähr 8000 Seelen belaufen kann; sie ist größtenteils regelmäßig gebauet, hat 2 lange breite Straßen — die Kaiser- und die Dauphinstraße genannt — und fast durchgehends gut gebaute Häuser; unter diesen zeichnen sich jene, die dem deutschen Orden und dann dem Grafen von Kagenegg zugehören, besonders aus. Die Landstände haben eine große Kaserne und dann erst vor ein paar Jahren ein Spital für die Garnison mit großen Kosten erbauen lassen. Der Münster ist — wenigstens in meinen Augen — das Merkwürdigste in dieser Stadt und scheinet von außen eine Kopie desjenigen von Straßburg zu sein; auch solle er, wie man mir sagte, von dem nämlichen Baumeister gebauet worden sein; von innen ist die Kirche wegen benen übermalten Fenstern und den ungeweißten Wänden ziemlich dunkel; ihre beträchtliche Länge wird durch ein stärkeres, finsteres Gitter, welches den Chor von dem Langhaus absondert, unterbrochen und durch einen altgotischen Altar, der in der Mitte stehet, verunstaltet.

Die Stadt ist gegenwärtig in mehrere Viertel eingeteilet. Sie hat eine angenehme Lage, ist auf einer Seite mit Hügel umgeben, wovon einige mit Reben bepflanzet sind; der dortige Wein ist mittelmäßig, obgleich die Trauben geschmackvoll sind.

Die Universität hat gegenwärtig ein ganz besonderes Schicksal; es bestehet darin, daß die Anzahl der studierenden Jugend in dem Verhältnis abnimmt, als jene der, größtenteils von Wien dahin abgeschickten Herrn Professoren sich vermehret; diese belauft sich gegenwärtig auf 36, und jene soll mit Inbegriff der niederen Schulen nur ohngefähr 200 stark sein.

Ich besuchte den Herrn Grafen von Waldsee — Bruder des vormals in Salzburg als Kammerherr und Hofrat angestellten Grafens — der dort die Rechte studieret und den ich nebst seinem Hofmeister, Herrn Abbé Sieber, schon in Straßburg kannte. Mit diesen speiste ich bei dem Herrn Land-Syndicus von Baumann, bei welchem sie nebst noch einigen Herrn vom

Stande die Tafel haben. Bei dieser Gelegenheit hoffte ich auch manche Bekanntschaft unter dem Regiment Migazzi, so während meinem 3jährigen Aufenthalte in Innsbruck dort in Garnison lag, zu erneuern; allein einige von denen Herrn Offiziers traten seitdem unter andere Regimenter, andere waren auf Urlaub und ein großer Teil davon lag in Altbreisach in Garnison.

Freitag, den 9ten, ging ich morgens zu dem Herrn Geheimen Hofrat Schlosser, der erst den Abend vorher von einigen Reisen zurückkam. Ich hatte seine Bekanntschaft schon vor einigen Jahre hier in Karlsruhe gemacht und seinen viel umfassenden Geist lernte ich zum Teil aus seinen Berichten bewundern. Ich begab mich mit ihm auf die Oberamtsstube, weil eben Amtssession gehalten wurde. Zu Mittag speiste ich bei demselben, wo ich auch mit dem beliebten Dichter und dermaligen Professor zu Freiburg, Herrn Jacobi, bekannt wurde; gegen Abend ritt ich mit Herrn Oberamtsverweser Schlosser spazieren.

Sonntag, den 11ten, fuhr ich nach Riegel, welches nur 2 Stunden von Emmendingen liegt, um dort Messe zu hören. Nach dieser ließ ich mich bei Ihrer Durchlaucht der Prinzessin von Baden — Nièce des letztverstorbenen Herrn Margrafens von Baden-Baden — durch den Herrn Grafen von Althann präsentieren. Diese Dame ist in einem Alter von 60 Jahren und verdient ihrer ohnbegrenzten Wohlthätigkeit und Herablassung wegen eben so viele Hochachtung, als Mitleiden, indem sie schon seit ein paar Jahren fast ganz blind ist. Die Sommermonate bringet selbe da, den Winter aber in Freiburg zu. Der Herr Graf von Althann, k. k. Kammerherr und zur Ruhe gesetzter Wachtmeister, ist Obersthofmeister und besorget das Oeconomicum. Die dermalige jährliche Einkünfte dieser Prinzessin sollen sich mit Inbegriff der Apanage ad 11 000 fl. auf ohngefähr 70 000 Gulden belaufen; der Fürst von Schwarzenberg, welcher die böhmische Güter, die dem baden-badischen Haus zustanden, mit allen darauf haftenden Schulden übernahm, bezahlt ihr lebenslänglich jährlich vermöge Kontrakt die Summe von 36 000 Gulden. Mit so beträchtlichen Einkünften hält diese Prinzessin ein sehr gut eingerichtetes Haus und lebt nun, in Vergleich ihrer vorigen Lebensjahre, recht gut. Ich traf da einige Damen aus Freiburg an, worunter sich eine Baronne de Jackmin, geborne Gräfin d'Ueberracker von Mühldorf aus Salzburg befand. Ihr Gemahl ist Regimentsrat in Freiburg. Die ältere der beiden Hofdamen der Prinzessin ist eine Baronne de Rechbach aus Klagenfurt, Schwägerin des k. k. Generals Grafen von Auersperg und eine Anverwandte von mir. Während der Tafel, wobei Ihre Durchlaucht niemals erscheinen, wurde in dem Nebenzimmer eine Musik von blasenden Instrumenten gegeben, welche meine Erwartung übertraf. Aus der Garnison in Freiburg werden die ganze Zeit über, welche die Prinzessin in Riegel zubringt, 13 Mann zur Schloßwache geschickt; in der Stadt stehet vor Höchstbero Haus immer doppelte Wache.

Den folgenden Morgen brachte ich auf der Oberamtsstube zu, wo abermal Session gehalten wurde; allein weder in dieser noch in der ersten kam etwas merkwürdiges vor, ausgenommen, daß eine Frau einen Eid ablegen mußte. Der Mithelfer des Herrn Stabtpfarrers wurde dazu gebeten, um der schwörenden Partei die Warnung vor Meineid vorzutragen, welches er auch mit vieler Rührung that.

Mit nicht geringem Vergnügen, ich muß es gestehen, beobachtete ich beidemal, daß bei diesem Oberamt die sogenannte Amtssporteln, die hier, wie überall gegenwärtig für den Fürsten verrechnet werden, nicht mit so großer Ängstlichkeit von dem armen Landmann erpreßet werden; so werden z. B. Befehle an Ortsvorgesetzte, die zu sechs Kreuzer taxiert sind und deren Inhalt kaum die halbe Seite eines Quartblatts einnimmt, ohnentgeltlich ausgefertiget. Ich besprach mich darüber mit dem Herrn Oberamtsverweser, welcher mir sagte, daß er dem Fürsten Vorstellungen gemacht habe und also mit Vorwissen und Genehmigung Höchstdesselben hierinfalls etwas mitleidiger sein dürfte.

Den 14ten morgens passierte das Bataillon des Migazzischen Regiments, welches in Freiburg in Garnison lag, durch Emmendingen, um nach benen Niederlanden zu marschieren. Der dortige Landcommissarius erwartete es an der Grenze und begleitete es durch diese Markgrafschaft. In der Herrschaft Mahlberg wurde es eben so gehalten.

Diesen Nachmittag besuchte ich den Herrn Einnehmer, der nebst benen, diesem Dienst zuständigen Verrechnungen auch jene über die Landeskosten und Landbebürfnisgelder zu besorgen hat.

Die seit einigen Tägen anhaltende gute Witterung bewog mich zu Abänderung meines erstern Plans, nach welchem ich vier bis sechs Wochen bei dem Oberamt Hochberg zubringen und erst zur Weinlese, nämlich anfangs Oktober die Herrschaften Rötteln, Sausenberg und Badenweiler flüchtig durchreisen wollte. Die wenige freie Stunden, die ich während dem kurzen Aufenthalte in Emmendingen hatte, brachte ich auf meiner Stube mit Durchlesung einiger Aktenfascikel aus der oberamtlichen Registratur, in welcher die beste Ordnung herrschet, zu.

Fortsetzung meiner Reise über St. Blasien.

Donnerstag, den 15ten, packte ich meinen kleinen Mantelsack und fuhr nachmittag nach Freiburg, um von dort den folgenden Tag in aller Frühe nach St. Blasien abreisen zu können. Ich speiste abermals bei Herrn Landsyndicus von Baumann, welcher mir auch ein Schlafzimmer einzuräumen die Gefälligkeit hatte.

Den folgenden Morgen setzte ich mit dem Schlag sechs Uhr meine vorhabende Reise in einer Mietkutsche fort; ba es von Freiburg nach St. Blasien verschiedene sowohl Reit- als Fahrwege giebt, so dürfte die Bezeichnung derjenigen Route, welche ich nahm, nicht überflüssig scheinen.

In Freiburg fuhr ich zu dem sogenannten Basler Thor hinaus, hielt mich aber gleich außer der Stadt links; einige hundert Schritte von da hätte ich die Karthause, deren Aufhebung und Verkauf an die Meistbietende vor ein paar Jahren in den dortigen Gegenden sehr viel Aufsehens machte, sehen können; aber der weite Weg, den ich noch diesen Tag zurücklegen wollte, hielt mich davon ab.

Ebnet ist ein Dorf nebst einem Schlosse und großen Garten, dem Grafen von Sickingen gehörig.

Zarten ein Dorf, welches die Stadt Freiburg besitzet.

Diese Gegend ist unter dem Name das Himmelreich bekannt. Vermutlich hat ihre überaus angenehme Lage, die mit der unmittelbar darauf folgenden in größtem Kontraste stehet, zu dieser Benennung Anlaß gegeben.

Der Schwarzwald, welcher sich, wie bekannt, von Süden gegen Norden aus der Gegend der 4 Waldstädte — Rheinfelden, Säckingen, Laufenburg und Waldshut — bis an das Ende des württembergischen Amts Neuenburg erstrecket und gegen Osten fast bis an die Alb reichet, riß mich aus einer Betäubung über die so mannigfaltig abwechslende Landschaften, welche wie auf einer Zeichnung vor mir da lagen, und die ich weder satt anstaunen noch genug bewundern konnte.

Ich übergehe die Beschreibung dieser eben erwähnten Gegend sowohl als der fürchterlich schönen Scenen des dunkeln Schwarzwalds, wie auch des Eindrucks, den sie auf meine Einbildungskraft machten; diese stellte mir mehrere ähnliche Gegenden, die ich mich auf einer Reise von Klagenfurt nach Innsbruck im Jahr 1776 passieret zu haben erinnere, wieder lebhaft vor Augen.

Von dieser kurzen Ausschweifung gehe ich zu einigen kameralistischen Bemerkungen über. Auf dieser Seite des Schwarzwalds sehe ich, weder von der Straße, noch in der Ferne, kein einiges Dorf, wohl aber mehrere, hie und da zerstreute Bauernhöfe, deren Besitzer zum Teil sehr vermöglich sein sollen.

Wenn sich die Bewohner dieses Gebirgs, worunter es auch sehr viele Arme giebt, nicht durch die Viehzucht und das Holz ernährten, so würden sie entweder Hungers sterben oder ihre einsame Hütten verlassen müssen; denn der Ackerbau reicht zu ihrem Unterhalte bei weitem nicht hin und erfodert auch eine ganz besondere Behandlung, die, so viel ich mich erinnere, kürzlich in folgendem bestehet. Wegen der lang anhaltenden, auch öfters in den Sommermonaten einfallenden Kälte werden nur einige Fruchtgattungen, als Gerste, Haber, Roggen, etwas Weizen und Rüben gebauet. Öfters gelangen diese Kreszenzien wegen zu kalter Witterung gar nicht zur erforderlichen Reife und in trockenen Sommern verderben sie von der großen Hitze, die zwischen diesen Steinwänden weit fühlbarer sein muß. Alle eben erwähnte Fruchtgattungen standen noch in diesen Gegenden auf dem Felde, da ich sie den 16ten September passierte. In der Herrschaft Mahlberg wurden sie wenigstens schon vor 6 Wochen eingeheimset. Der Boden ist voll Steine, die Erde äußerst mager und an den meisten Orten ragen Bruchstücke von Felsen hervor; aus Mangel an Dünger wird sowohl Busch- als anderes Holz in Bündel auf das umzubauende Feld gelegt, mit ausgestochenem Wasen und Torf belegt, langsam verbrannt und die Asche ausgestreuet. Diese Art von Besserung hält nun freilich nicht an, aber sie ist auch, die Mühe ausgenommen, nicht kostbar. Das nämliche Stück Feld wird äußerst selten mehrere auf einander folgende Jahre gebauet; es bleibt 6—8 oder noch mehrere Jahre liegen und dienet zur Weide; dann wird der Wasen im Sommer, wann er gut ausgetrocknet ist, wieder umgebrochen und die eben beschriebene Operation wiederholet.

Von dem Schlosse Falkensteig stehen nahe an der Landstraße auf einem Felsen nur noch ein paar halb zerfallene Mauern.

In dem Wirtshause, Unter der Steig genannt, kehrte mein Fuhrmann ein, und nach einer kleinen Stunde fuhren wir wieder fort. Der Freiherr v. Pfirdt ist dort Grundherr; dieses Wirtshaus ist nur einige hundert Schritte von dem Posthaus, die Hölle genannt, entlegen. Dieses Wort, durch welches die dortige Gegend bezeichnet wird, scheinet mir seine Lage nicht minder auszudrücken, als das oben erwähnte Himmelreich.

Der Weg von Freiburg bis hieher gehet immer, wie man zu sagen pflegt, bergan; aber hier ist er eine kleine halbe Stunde sehr steil. Ein 6spänniger Güterwagen, der gerade vor mir hinauf fuhr, hatte wenigstens 6—8 Vorspannpferde; indes ist der Weg sehr breit und schneckenförmig angelegt; an der Seite ist er mit hölzernen Geländern, welche bei Gelegenheit der Durchreise der Dauphine gemacht und seit der Zeit fast durchgehends unterhalten wurden, wohl verwahrt; sobald diese Anhöhe überstiegen ist, hat man wiederum eine ziemlich große Strecke flaches Land vor sich. Hier wich ich von der Landstraße, die in das Fürstenbergische ziehet, ab und schlug mich rechts; auf der vorhergehenden sowohl als auf dieser Straße trifft man von Distanz zu Distanz einzelne Wirtshäuser, worunter ich mir besonders den schwarzen Bären merkte, weil dort der äußerst schlechte Weg anfängt und eine Stunde lang währet; Fürstenberg und St. Blasien muß ihn unterhalten; letzteres wollte ihn schon lange in bessern Stand setzen, weil er ohngeachtet des dermaligen schlechten Zustandes doch in Rücksicht der Nähe von den Spediteurs nach Zurzach sehr befahren wird; allein jenes weiß immer Entschuldigungen beizubringen.

Titisee, wo ein ziemlich großer See ist, Saig und Lenzkirch sind fürstenbergisch; dieser letztere Ort ist ziemlich groß und hat eine bessere Lage als die vorgenannte. Hier hielten wir uns eine Stunde auf und fuhren ohngefähr um 2 Uhr weiter; es ging noch immer bergan, über unangebaute Hügel, wo bei heiterm Wetter eine unbegrenzte Aussicht sein solle. Ich ging öfters zu Fuße, um dieselbe desto mehr genießen zu können, aber ein starker Nebel — wie man sich dort auszudrücken pfleget — der von Zeit zu Zeit nicht kleine Wassertropfen fallen ließ, nötigte mich immer wieder einzusitzen.

Dreſſelbach und Seebruck gehören schon nach St. Blaſien; letzteres liegt an einem See In dieser Gegend vereiniget sich der Weg, den ich fuhr, mit der Straße nach Laufenburg, die sehr gut zu sein scheinet.

Das Gotteshaus St. Blaſien liegt tief in einem Keſſel, so daß man es erst auf ein paar tausend Schritte siehet. Es war bald 6 Uhr abends, als ich vor der Abtei ausstieg; ich wollte sogleich dem Fürsten ein Schreiben vom Herrn Geheimen Hofrat Schlosser übergeben, allein er war zu meiner größten Bestürzung den Tag vorher nebst seinem Kanzler und Pater Archivarium, der ein sehr würdiger Mann sein solle, nach Stuttgart abgereist. Indessen empfing mich der Pater Registrator Trudpertus Neugart, dessen Umgang jedem angenehm sein muß, mit vieler Güte und der Pater Küchenmeister bezeigte nicht weniger Verlangen, mir den Aufenthalt bei ihnen so viel möglich angenehm zu machen; denn diese beide machten in Abwesenheit des Fürstens die Hausherrn. An der Tafel machte ich die übrige Bekanntſchaften sowohl vom Hauſe als der anwesenden Fremden; unter diesen waren zwei PP. Prämonstratenser aus dem Elsaß, ein junger Herr von Haller, Neffe des Dichters und Arzts aus Bern mit einem Prediger aus dem nämlichen Kanton, ein junger Herr von Brandenburg, Neffe des dortigen Kanzlers, der einige Tage vorher aus Salzburg, wo er die Rechte ſtudieret, hinkam, und der Profeſſor der Diplomatik aus Freiburg, den dieses Konvent auf erwähnter Universität erhält. Unter denen anwesenden fürstlichen Beamten waren ein Hofrat, ein Kammerrat, ein Sekretär und noch ein paar andere Herren, deren Charaktere mir entfallen sind.

Der Abt von St. Blaſien stehet unter dem Bischof von Konstanz; er wurde im Jahr 1747 in den Reichsfürstenstand erhoben und führet den Titel: Sr. Röm. Königl. Majestät Erb-Erzhofkaplan in den vorderösterreichischen Landen. Vid. Büſchings Erdbeschr. 3. Tl. 2ter Band.

Dieses Gotteshaus besitzet folgende Herrschaften:
a. Die Grafschaft Bonndorf, die zum schwäbischen Kreis gehöret.
b. Die Grafschaft Staufen
c. Die Reichsherrschaften Gutenburg, Gurtweil, Blumegg zu Ewattingen und Oberried.

Die Anzahl der Klosterherrn belauft sich gegenwärtig auf 105; ohngefähr die Hälfte davon lebt zu St. Blaſien; die übrige sind auf dem Lande als Seelsorger oder sogenannte Abminiſtratores, welche die Revenuen des Gotteshauses besorgen, hie und da angestellet.

Den 17ten, als am Tag nach meiner Ankunft, besahe ich in der Frühe die Kirche, die ganz nach Geschmack der Rotunda in Rom ist und erst im Jahre 1783 ausgebauet und eingeweihet wurde. Man wird hier um so weniger eine ausführliche Beschreibung dieses Meisterstücks des großen französischen Baumeisters b'Ignard* erwarten, da ich mich bei gegenwärtiger Reiserelation mehr auf Bemerkungen über kameralische Gegenstände, als architektonische einschränke. Man führte mich zu dem mittlern großen Thor hinein, um das Ganze mit einem einzigen Blicke zu fassen; aber ganz erstaunt über die Majestät dieses Tempels, der jedem Andacht und Ehrfurcht einflößet, stand ich still, ob ich gleichschon vorher viel davon habe sprechen hören. Das Langhaus ist eine Runde von 160 Schuhe im Durchschnitt; die Kuppel ruhet auf 18 großen Säulen, die alle mit Marmor belegt sind; gerade vom Eingange gegenüber stehet ein sehr schönes, von einem Schlossermeister in Karlsruhe verfertigtes Gitter, ganz schwarz ohne Prunk, welches die Scheidewand zwischen dem Langhaus und dem Chor ist; dieser ziehet sich auf 14 Marmorsäulen ins Perspektiv und soll eine Nachahmung der Colonnade de la chapelle royale zu Versailles sein; er schließet sich mit einer sehr großen Orgel vom seligen Silbermann; die Wände im Chor sind bis zur Gallerie, die um die ganze Kirche herumgehet, ganz hinauf mit Marmor belegt. In der Mitte desselben stehet der Hochaltar ganz frei, der, so wie die 6 kleineren Nebenaltäre, nördlich ohne Verzierungen oder Säulen ganz von Marmor ist; die Bilder oder sogenannte Altarblätter werden von Alabaster verfertiget; die Kirche ist durchaus mit Marmor gepflästert, und nur in 2 Halbzirkeln vom Eingange an sind niedere sehr passende Bänke angebracht, die ebenfalls einen kleinen Zirkel beschreiben. Der Plafond, den Bau- und Malerkunst meisterlich ins Perspektiv heben, täuscht das Auge mit einer erstaunlichen Höhe, die sehr natürlich scheinet.

Das sogenannte Hofgebäude und das Konvent oder eigentliche Gotteshaus machen die zwei Seitenflügel aus, so daß die Kirche nach der genauesten Symmetrie in der Mitte des Ganzen stehet; hinter derselben vereinigen sich eben erwähnte zwei Gebäude und formieren ein Viereck von einem erstaunlichen Umfange.

Die Kirche sowohl, als die Haupt- und Nebengebäude wurden, wenn ich nicht irre, im Jahre 1768 von einer alles verzehrenden Feuerflamme samt dem größten Teil der Gerätschaften eingeäschert. Es soll ein schaubervoller Anblick gewesen sein; denn wegen der Weitläuftigkeit der Gebäude, die alle fast zu gleicher Zeit Feuer fingen, ware das Löschen eine Unmöglichkeit. Ohne den sehr beträchtlichen Einkünften, die dieses Gotteshaus hat, würde die Wiederherstellung des Ganzen nicht sobald haben können bewirket werden. Die Überreste der vorigen Kirche wurden eingerissen und die jetzt stehende von Grund aus neu gebaut; bei denen übrigen Gebäuden benutzte man die stehengebliebene Hauptmauern.

Das Stiegengebäude bei Hof zog meine ganze Bewunderung und Auf-

---
* Michael d'Ignard; vergl. Polit. Korrespondenz Karl Friedrichs I, 81 Anm. 3.

merkſamkeit an ſich; es würde mich zu ſehr von meinem Plane entfernen, wenn ich von ſelben auch nur den Grundriß entwerfen wollte.

Der größte Teil der für Gäſte beſtimmten Zimmer, deren Anzahl ſich auf 60 bis 70 belaufet, iſt gut möblieret; zwei davon hat der jetzige Fürſt ſelbſt ganz angegeben: im erſtern iſt der vollſtändige Stammbaum des Hauſes Öſterreichs auf Tapeten gemalt, und das darauffolgende enthält alle wirklich exiſtierende und in Kupfer geſtochene Mauſolées der Erzherzoge, die mit nicht mindern Geſchmack auf Tapeten gekleiſtert ſind.

Über jede Thüre iſt ein Stück aus dem Tierreiche gemalt; zwiſchen denen ſelben aber hängen die Porträts der Stifter und ſonſtigen Gutthäter dieſes Gotteshauſes, alle in Lebensgröße. Unter dieſen fand ich eines mit folgender Überſchrift:

Raimundus Cardinalis et Episcopus Gurcensis.

Er lebte gegen Ende des 15. Jahrhunderts und ſtarb anno 1505.

Die Bibliothek, welche dieſes Gotteshaus vor dem oben erwähnten Brand beſitzte, ſolle, beſonders in Rückſicht auf alte Manuſkripten, ein nicht genug zu preiſender Schatz geweſen ſein; leider wurde faſt gar nichts davon gerettet, und der Fürſt kann dieſen unerſetzlichen Verluſt noch lange nicht vergeſſen. Indeſſen verdienet doch auch jenes, was ſeitdem angeſchafft worden iſt, alle Aufmerkſamkeit. Pater Uſſermann, welchem gegenwärtig die Aufſicht über die Bibliothek anvertrauet iſt, wird wegen großer Gelehrſamkeit beſonders geſchätzet. Er war ſchon vor mehreren Jahren auf der Univerſität zu Salzburg angeſtellet.

Die Werke, welche der gelehrte Fürſt oder ſeine Mitarbeiter herausgeben, werden dort im Kloſter aufgelegt, und ein anderer Laienbruder beſitzet ſehr viele Geſchicklichkeit, Glas zu ſchleifen und auf ſelbes zu malen. Eine kleine Sammlung von Kupferſtichen, woraus man die ſtufenweiſe Fortſchritte dieſer Kunſt erſiehet, übertrifft jene einiger ziemlich guten Gemälde, die ein eigen dazu beſtimmtes Zimmer zieren.

Nachmittag durchging ich unter Begleitung des Herrn Pater Küchenmeiſters, welcher die Aufſicht über das ganze Öconomicum hat, die weitläuftigte Wirtſchaftsgebäude. Dieſe ſowohl als die Kirche, Hof und Konvent ſind ſeit dem oben erwähnten Brand mit Wetterableitern verſehen. Auf der ganzen Route von Karlsruhe bis nach Seebruck, wo dieſes Gotteshaus einen großen Speicher hat, habe ich keine dergleichen angetroffen, ob man gleich von deren Nutzen heutzutage allgemein überzeugt iſt.

Die Pferde und das Hornvieh werden größtenteils nachgezogen; die Verſuche mit Einführung Schweizer Rindviehes ſollen mißlungen ſein, und man ſchreibet es dem Mangel fetter Weide, wie auch dem Unterſchied des Waſſers zu. Bei dieſer Gelegenheit ſahe ich auch eine mir noch unbekannte Gattung Schweine, Toukins genannt: ſie ſind ſehr fett, haben ſehr kurze Füße und ſollen wenig Nahrung brauchen

Sonntag, den 18ten, reiste ich morgens um sieben Uhr in einer Chaise mit drei Pferden, die ich aus dem fürstlichen Stall bei Schopfheim erhielt, ab. Der Weg ist durch das ganze Bernauer Thal gut, aber gleich außer dem Dorfe Bernau fängt ein beinahe nicht zu befahrender an; es gehet bergauf und wieder sehr steil meistens über Steinfelsen bergab. Ich kam durch die Dörfer Todtnau, Breg, Gschwend und Utzenfelb gegen 11 Uhr nach Schönau, einem österreichischen Marktflecken am Flusse Wiesen, wo ich bei dem Herrn Abministrator, einem Klostergeistlichen aus St. Blasien, zu Mittag speiste. Gegen halb drei Uhr setzte ich meine Reise durch die Dörfer Kastel, Mambach, Atzenbach, den beträchtlichen österreichischen Marktflecken Zell, immer an der Seite des Wiesenflusses, fort. Bald darauf fängt das badische Territorium an, welches bis in die Gegend von Basel von dieser Seite nicht unterbrochen wird.

Die Landstraße von Hausen, welches man auf wenige Schritte links liegen läßt, bis nach Schopfheim ist sehr gut; ich bedauerte nur, daß ich selbe nicht länger benutzen konnte, denn in einer Viertelstunde war ich in Fahrnau, und von da nach Schopfheim ist's nur einige hundert Schritte.

Es war ohngefähr halb 6 Uhr, als ich in Schopfheim ankam; ich traf an dem Sonnenwirt, bei dem ich abstieg, einen muntern, ehrlichen Landwirt, an dem dortigen Herrn Stadtschreiber aber, an welchen ich adressiert ware, einen Mann von sehr feiner Lebensart und Kenntnissen, die ich bei einem Landbeamten nicht erwartete, an. Der Ort an sich ist ein kleines zerfallenes Landstädtchen, das wegen der nahe dabei angelegten Bleiche einigermaßen bekannt ist.

Diesen Abend brachte ich in Gesellschaft des Herrn Stadtschreibers und meines Wirts zu; letzterer unterhielt mich mit allerhand Erzählungen, worunter auch jene von dem Brand, der vor einigen Jahren oben erwähntes Dorf Fahrnau fast gänzlich eingeäschert hatte, begriffen war; er schloß selbe damit, daß die Inwohner durch dieses Unglück nicht sehr zurückgesetzt worden seien, indem die Beiträge aus der Brandversicherungscassa sie hinlänglich entschädiget hätten. So unbedeutend diese kleine Anekdote auch scheinen mag, so konnte ich doch nicht umhin, sie zum Beweis von der Vortrefflichkeit dieser Anstalt anzuführen.

Den folgenden Morgen — den 19ten — ging ich mit dem Herrn Stadtschreiber zu Fuße nach Hausen, wo ein herrschaftliches Eisenwerk ist; das Detail sowohl von diesem als denen 2 andern dergleichen Werkern, so in den Herrschaften Badenweiler und Sausenberg sind, werde ich in denen, mir über Bergwerks-Behandlung abgeforderten Bemerkungen einschalten. Bei dieser Gelegenheit sahe ich nicht nur einen großen Teil der, eine Schmelze notwendig vorhergehende Operationen, sondern auch das Eisenschmelzen selbst.

Zu Mittag speiste ich in Schopfheim bei öfters erwähntem Herrn Stadtschreiber, und nach Tische besahen wir die dortige große Bleiche, wie auch die Drahtfabrik, von welch' letzterer der 3te Teil der Gerstlacherischen Sammlung badischer Verordnungen Seite 349 et seqq. mehrere Nachrichten enthält; sie wird ein einfacher Drahtzug genannt, weil sie nur 15 Zangen hat. Der Eigentümer derselben machte mich auf den Mechanismum, der mit Hülfe des Wassers das Ganze in Bewegung setzet, aufmerksam; er bestehet, so viel ich mich erinnere, nur in einem Wasserrade, und in ein paar sogenannten Zahnrädern.

Die nahe dabei stehende Papiermühle stehet ebenfalls einem Particulier zu.

Gegen 5 Uhr abends setzte ich meine Reise in einer Postchaise, die ich von Lörrach kommen ließ, da in Schopfheim keine aufzutreiben ware, durch das sogenannte Wiesenthal über Gündenhausen, Maulburg, Steinen, Brombach nach Lörrach fort, wo ich in der Krone abstieg.

Wenn jemals eine Gegend von einem Dichter besungen zu werden verdiente, so ist es dieses eben erwähnte Thal, welches bei 3 Stunden lang ist und sich zwischen Bergen hinziehet. Der helle Wiesenfluß, welcher es seiner beträchtlichen Länge nach durchschlängelt, trägt zu seiner Fruchtbarkeit ungemein viel bei. Auf beiden Seiten des Thals sind einzelne Häuser, und das Schloß Rötteln, welches auf einem fruchtbaren Rebberge liegt, und dessen beträchtliche Ruinen von seinem vormaligen Umfange und Ansehen zeugen, beschließet es. Je näher man gegen Lörrach kömmt, desto mehr öffnet sich das Ganze; die Berge scheinen zu verschwinden, und endlich hat man nichts, als ein beinahe unübersehbares flaches Land vor sich. Doch alle diese Worte sind vergebens; das reizende, malerisch Schöne dieser Gegend läßt sich eher fühlen als beschreiben. Jedermann, der sie gesehen hat, spricht mit einer Art von Enthousiasme davon.

Bei Steinen bemerkte ich eine neue Rebenanlage, die, wenn ich mich recht erinnere, von dieser Seite die erste ist.

Lörrach ist der Hauptort in der Herrschaft Rötteln und der Sitz der fürstlichen Beamte des Oberamts; es ist größtenteils von Stein gebaut und enthält 1600—1700 Seelen.

Hier muß ich mein Tagebuch durch einige allgemeine Bemerkungen über die Herrschaften Rötteln und Sausenberg, deren Voraussetzung notwendig ist, unterbrechen.

Übersicht der Herrschaft Rötteln nnd Landgraffschaft Sansenberg. Ich nehme mit Vorbedacht beide zusammen, denn sie machen nur ein Oberamt aus und werden bei denen Collegiis als ein Ganzes betrachtet.

Ihre Grenzen sind gegen Morgen der Schwarzwald, gegen Mittag zum Teil eben erwähntes Gebirge, zum Teil der Kanton Basel; gegen Abend der Rheinstrom und gegen Mitternacht die Herrschaft Badenweiler. Der ganze Flächeninhalt an gebauten und ungebauten Gütern im gan[zen] Oberamt Rötteln solle nach der erst vor ein paar Jahren beendigten Re[no]vation betragen 125 346 Jucherten, jeder zu 288 Quadratruten gerech[net]

Ziehet man die nicht gebaute Grundstücke, als Hausplätze, Weid, Brach- und Bergfelder, öde Güter, Felsen, Wege und Straßen, Fischwasser und Bäche nebst denen Waldungen davon ab, so bleiben noch 52 542 Jucherten übrig, die ganz kultivieret sind. Dieses Oberamt wird in 5 Viertel eingeteilet. In einem jeden derselben ist ein sogenannter Viertelsvogt aufgestellet, der aber vor den übrigen Ortsvorgesetzten kein besonderes Vorrecht hat. Es ist ohnstreitig, in Rücksicht seines Umfangs, das wichtigste Oberamt in den gesamten badischen Landen; die Anzahl der unter demselben stehenden Ortschaften belauft sich mit Ausschluß der zerstreut liegenden Höfe und Mühlen auf 83; die beträchtlichere haben einen Vogt und Stabhalter, die minder beträchtliche aber nur den einen oder den anderen dieser Vorgesetzte.

Die Bevölkerung belief sich im Jahre 1784 auf 28 105 Seelen. Nach einem von den Jahren 1760 bis 1779 inklusive aus den Geburts- und Sterbelisten gemachten Auszug, welchen mir der Herr Burgvogt in Lörrach mitteilte, wurden 14 447 geboren und 12 079 beerdiget; der Ueberschuß betrug also in einem Zeitraum von 20 Jahren 2368.

Produkten. Aus dem Mineralreiche besitzet dieses Oberamt mehrere Steinbrüche und Gypsgruben, eine der letztern liegt nahe bei Lörrach und ist für jährlich 61 Gulden verpachtet; ein Beständer sucht die Steine nach abgehobenen Schutte am Tag, der andere aber bauet bergmännisch und bricht die Steine unter dem Boden. Es sollen wöchentlich 250 bis 300 Sester gewonnen werden; der Sester wird an die Unterthanen für 10 Kreuzer verkauft; sie bedienen sich desselben häufig statt der Besserung. Mit großen Kosten werden schon lange, aber vergebens Steinkohlen gesucht; vermutlich hat man noch nicht die gehörige Tiefe erreicht.

Eine Stunde von Kandern — in der Gegend von Schliengen — liegt die sogenannte Altinger Eisenstolle, die von dem Fürsten selbst gebauet wird. Das Erzt solle 8 Schuhe hoch am Tage liegen, und der Kübel roh Erzt, zu 120 Pfund schwer, 40 Pfund vortrefflich weiches Eisen, welches sehr gesucht wird, geben. Von dieser Mine werden die herrschaftliche Eisenwerker zu Kandern, Oberweiler und Hausen mit Erzt versehen. Die Jaspis, die von mannigfaltigen Farben in 1, 2, auch 3 faustgroßen Kugeln in den Eisensteinen eingesprengt sind, werden besonders gesammelt und nach Schopfheim und Karlsruhe verbracht, wo Tobacksdosen, Stockknöpfe ꝛc. daraus verfertiget und mit Vorteil abgesetzet werden.

Landwirtschaft. A. Viehzucht. Im Jahr 1784 brachte man in diesem Oberamt folgende Anzahl an Vieh heraus:

Pferde 746 — darunter brauchbar 654, Rindvieh 4441 — darunter nutzbare Ochsen 997 und nutzbare Kühe 2295, Schafe 4908, Ziegen oder Schweine 215, Schafböcke 4058 Stücke.

Aus dieser Tabelle ist ersichtlich, daß der Röttler Bauer mehr auf das Rindvieh als die Pferde hält; denn die Proportion ist beinahe wie 6 zu 1.

Die **Pferde** sind meistens schwer und unansehnlich. Aus der benachbarten Schweiz sollen viele Farren erkauft und dadurch die Rindviehzucht immer verbessert werden. Für die **Schweine** sollen — wie ich auch schon bei der Herrschaft Mahlberg erwähnt habe — jährlich mehrere tausend Gulden aus dem Lande, vorzüglich in das Elsaß gehen.

B. **Ackerbau.** Diese Gegenden sind nicht minder fruchtbar als die bisher angeführte, und die Bewohner derselben verbinden mit einem unermüdeten Fleiß viele theoretische Kenntnisse, wovon die in den letztern Jahren hie und da vorgenommene landwirtschaftliche Verbesserungen, wodurch sich auch die herrschaftliche Gefälle in gleichem Verhältnisse vermehren, beweisen sollen.

Der Kleebau wird stark betrieben; er ist auch an vielen Orten wegen dem zu geringen Verhältnis der Wiesen zu den Äckern ohnentbehrlich.

Die **Wiesenwässerungs-Einrichtung**, die, wie ich nicht zu viel zu behaupten glaube, in diesem Oberamt zu einem besondern Grade der Vollkommenheit gebracht ist, verdienet die Aufmerksamkeit eines Reisenden. Die Wasserleitungen sind geometrisch ausgeteilet, und jedem Besitzer eines Wiesenstücks ist die Zeit, wo er sich derselben bedienen darf, bestimmt. An vielen Orten werden die Wiesen auch im Spätjahr ohngefähr einen halben Schuh hoch abgenommen; der Wiesenfluß, der sehr viel Schlamm mit sich führet, trägt in kurzer Zeit wieder alles auf. Als ein erprobtes Mittel, die Wiesen in bessern Stand zu setzen, wird auch die Umbrechung derselben auf etliche Jahre zu Ackerfeld, die frische Besäung mit Klee und vorzüglichen Grasforten sehr empfohlen und öfters Gebrauch davon gemacht.

Man beschuldiget die Unterthanen des Oberamts Rötteln — die einen so starken Weinbau haben, daß die Rebberge allein die Anzahl von 2590 Jucherten ausmachen —, daß sie ihn nicht recht zu treiben verstünden, die Rebstöcke zu dick beisammen pflanzten und den Wein beim Trotten nicht wohl behandelten. Ich lasse es dahin gestellt sein, bemerke aber dabei, daß demohngeachtet hier fast durchgehends besserer Wein als in den Unterlanden und an einigen Orten z. B. Weil, Efringen, Haltingen, Grenzach, Tüllingen 2c. ein vorzüglich guter Wein gezogen wird, der unter dem Name Markgräfler-Oberländer eben so beliebt als bekannt ist und häufig in die Schweiz und Oberschwaben verführet und teuer bezahlt wird. Er ist nicht so stark als der Rheinwein, aber angenehm, haltbar und in Absicht auf die Gesundheit einer der vorzüglichsten. Man bezahlt den Wein von den Jahren 1753, 1760 und 1766 von den besten Sorten mit 5 Louisdor per Saum, deren 8 auf das Fuder gehen. Der Grenzacher rote Wein passiert häufig für Burgunder.

In den Waldgegenden macht neben dem Grundbirnbau — Hauptnahrung der dortigen Bewohner — der **Flachsbau** einen Hauptgegenstand der dortigen Landwirtschaft aus; Hanf wird hier nicht in so großer Menge gebauet, w. in dem Oberamt Hochberg.

C. **Holzkultur.** Die Waldungen in diesem Oberamt betragen

ganzen 46 697 Juchert; der herrschaftliche Anteil daran ist der geringste, denn er macht nur 10 593 Juchert; 21 762 gehören Privatis und 14 341 sind Gemeindswaldungen.

Dieses Oberforstamt ist von eben so großem Umfange, ja noch größerem, als das Oberamt selbst, da auch noch die obere Vogteien der Herrschaft Badenweiler unter seiner Obsorge in Forstsachen stehen. Es hat seinen Sitz zu Kandern, dem Hauptort der Landgrafschaft Sausenberg und gleichsam im Mittelpunkt der Waldungen; diese ist von weit geringerm Flächeninhalt als die Herrschaft Rötteln und doch werden die darin befindliche Waldungen auf 35 375 Jucherten angegeben, da dieselbe in jener nur auf 11 322 geschätzet sind.

Ausfuhr, Einfuhr, Bilanz. Die Hauptprodukten, welche dieses Oberamt selbst erzeugt und womit es vorzüglich in die angrenzende Schweiz einen vorteilhaften Handel treibt, sind Früchte, Wein, Holz und sowohl rohes als verarbeitetes Eisen; jenes wird auf herrschaftlichen oben erwähnten Eisenwerken zu Hausen und Kandern zubereitet und von mehrern Privatpersonen in selber Gegend zu Draht, Nägel, Sicheln, Sensen u. dergl. verarbeitet. Es empfängt dagegen vom Auslande und größtenteils aus der Schweiz fast alle zur Bekleidung erforderlichen Sachen und zum Teil auch Farren und Mutterschweine.

Ob der Aktiv- oder der Passivhandel das Übergewicht habe, davon läßt sich nichts Bestimmtes angeben, da, wie ich oben bei der Markgrafschaft Hochberg erinnert habe, in diesen Gegenden der Zoll eine unbekannte Auflage ist. Indessen ist es doch wahrscheinlich, und ich glaube, man kann aus den blühenden Umständen der dortigen Inwohnerschaft und besonders aus der zum Absatz der im Lande erzeugten Produkten ungemein vorteilhaften Lage den untrüglichen Schluß machen, daß diesem Oberamt bei seinem Handel jährlich eine ansehnliche Summe als Überschuß bleiben muß.

Preis der Lebensmittel. Wohlstand der Unterthanen. Was den Wohlstand des dortigen Landmanns, im allgemeinen betrachtet, erhält und ferners noch befestigen wird, ist der hohe Wert aller Landesprodukten, in welchem selbe seit den 1770er teuern Jahren durch das Commercium mit der Schweiz stehen; so wird z. B. das Malter Kernen in Lörrach fast immer mit 12 Gulden bezahlt, wo es hier in und um Karlsruhe nur 6—7 Gulden gilt, so werden aus dem Klafter Holz in Basel gewöhnlich 16—17 das ist 12—13 Gulden, erlöst.

In den Waldgegenden solle letzteres ein Hauptzweig des Gewerbes und zwar in dem Maße sein, daß der geringste Bauer durch dieses allein in den Stand gesetzet wird, seine Abgaben an den Landesfürsten zu bezahlen.

Der Professionist und Handwerker findet sich dabei nicht zurückgesetzet, indem er sich auch seine Arbeiten nach Verhältnisse der Preise der Lebensmittel bezahlen läßt. Nur die herrschaftliche Beamte und überhaupt alle jene, die keine Grundstücke haben und also alle Kreszenzien erkaufen müssen, aber keine zu verkaufen haben, sind in solchen Orten übel daran. Ob bei Regulierung der Besoldungen darauf Rücksicht genommen werde, zeiget die Folge gegenwärtigen Aufsatzes. Man hat mir in Lörrach mehrere Bauern genannt, deren Vermögen auf 50 000—80 000 Gulden geschätzet wird und erst vor wenigen Tagen kam bei fürstlicher Rentkammer die Bitte einer Witwe aus dem Oberamt Rötteln vor, ihr in 52 000 Gulden bestehendes Vermögen ihrem Sohn übergeben zu dürfen.

Als ein wesentlicher Nachteil für dieses Oberamt wird angegeben, daß diese Volksklasse darinnen verhältnismäßig größer seie, als in andern Gegenden und daß so oft ein einziger reicher Bauer in die Stelle mehrerer Mittelmänner eintrete. Der Herr Burgvogt in Lörrach teilte mir folgende Notiz mit, die ich hiermit zur Ergänzung dieser Rubrik buchstäblich einschalte:

„Im ganzen sind die Preise der Viktualien in dieser Gegend zu veränderlich, um etwas Bestimmtes davon angeben zu können. Im Mittelpreis aber stehet:

„das Malter Kernen auf 10 Gulden, Roggen auf 6 Gulden 30 Kreuzer, Gersten auf 5 Gulden 30 Kreuzer, Habern 3 Gulden 24 Kreuzer.

„Bei dem Wein ist der Preis wegen der sehr großen Verschiedenheit der Qualitäten noch verschiedener. Wenn man das Neugewächs zum Grunde legt, so könne der Saum vom vorzüglichsten Geländer im Durchschnitt 13 Gulden, der Saum von mittlerer Gattung 10 Gulden und von der geringsten Sorte 7 Gulden kosten."

Sitten und Religion. Außer diesem günstigen Verhältnisse würde der Röttler Bauer bei seinen Sitten und Gewohnheiten, worinnen er aus den engen Schranken eines Landmanns tritt, nicht bestehen können. Die Üppigkeit im Essen und Trinken wie auch in der Kleidung — die bei jeder Klasse von Menschen nach Verhältnis ihres Vermögens zu- und abnimmt und also hier als eine Folge des Wohlstands der Unterthanen angesehen werden kann — ist sehr groß, und die ganze Lebensart derselben kann mit der eines Bauern in hiesigen Unterlanden in gar kein Verhältnis gesetzet werden.

Eine andere und vielleicht die größte Hindernis bei der Landwirtschaft in dortiger Gegend ist, daß diejenige Junge von der armen Klasse des Landvolks, welche eigentlich nach ihren Verhältnissen zum Dienst sich so gerne in die Schweiz verlaufen, wo sie in besserer bequeme Lebensart finden und sich somit dem Dienst bei vermöglichen Bauern entziehen; dieser wird hiedurch in die Notwendigkeit versetzet, allerlei herlaufene Leute anzunehmen, die ihm außerordentlich teuer zu stehen kommen, der Mittelmann, der wenig Gesinde braucht, hat also hierin viele Vorzüge.

Hier muß ich auch folgende Anekdote, die in der Wahrheit gegründet sein solle, erwähnen. Man macht den Bauern dieses Oberamts sowohl als Herrschaft Badenweiler den Vorwurf, daß sie selten mehr als 2, höchstens

Kinder zeugen; sie suchen dadurch die Teilung der Güter zu vermeiden, und daher kommt es, daß in dortigen Gegenden mancher Bauer Güter von hundert und noch mehr Jucherten besitzet. So schädlich die allzugroße Verstückelung der Grundstücke ist, eben so wenig Vorteil hat sich das gemeine Wesen von denen allzugroßen Bauernhöfen zu versprechen. Im erstern Fall giebt es gewöhnlich arme und zugleich liederliche Leute, die sich vom Feldbau nicht ernähren können und sich doch schämen, durch Tagelohn ihr Brod zu gewinnen. Die Oberämter Hochberg und Mahlberg können dergleichen Beispiele zu Dutzenden aufweisen; dazu kömmt, daß in jenen Orten, wo die Verteilung der Grundstücke in gar kleinen Portionen stattfindet, dieselbe in übermäßig hohem Wert stehen, der aber immer mehr imaginär als reell ist. Die Bauerngüter von zu großem Umfang hingegen werden selten, teils aus Mangel an Besserung, teils aus Abgang an Tagelöhner gehörig gebauet. Öfters macht auch der reiche Bauer den kleinen Dorftyrannen, indem er nach und nach alles an sich kauft, wozu denen übrigen das Geld fehlet.

Was endlich die Religion anbetrifft, zu der sich die Unterthanen dieses Oberamts bekennen, so ist's die evangelisch-lutherische. Hie und da giebt es Reformierte; sie haben aber ebenso wie die Katholiken — deren Anzahl sehr gering ist — kein exercitium religionis. Die Juden werden in gesamten badischen Landen, also auch in diesem Oberamt, toleriert.

Gewerbe. Manufakturen. Fabriken. Das Hauptgewerbe des Landmanns ist und muß die Landwirtschaft sein; wann aber diese bei zunehmender Bevölkerung und besonders bei Unteilbarkeit der Bauerngüter nicht hinreichend ist, alle Hände zu beschäftigen, so müssen Nebengewerbe und zwar solche, die mit denen Landesprodukten im Verhältnis stehen, eingeführet werden.

Das Spinnen und Weben leinener und hänfener Waren wird insgemein als ein dazu taugliches Mittel und als ein Geschäfte angepriesen, welches neben dem Feldbau getrieben werden könne, mehrere Familien nach Maßgabe ihres Fleißes ein sicheres Einkommen und den beträchtlichen Vorteil verschaffe, daß die Kinder des armen Landmannes schon frühe zur Arbeit gewöhnet werden; daß dabei auch alte und kränkliche Personen ein, ihren Kräften angemessenes Geschäfte bekommen, welches sie ernähret und dem Lande nützlich oder doch weniger lästig mache. Überdies könne es dergleichen Waren nie an Absatz fehlen, da der Verbrauch derselben immer stark ist.

In mehrern und vorzüglich in den Waldorten des Oberamts Rötteln solle die Landwirtschaft nicht hinreichend sein, die nicht genug begüterte Einwohner daselbst zu beschäftigen; um ihrem nahrungslosen Zustande aufzuhelfen, wurde schon im Jahre 1777 das Spinnen eingeführet. Anfangs wollte man nur einzelne Weber aufstellen und selbe mit dem geringen ohnverzinslichen Vorschuß von 70—80 Gulden aus herrschaftlichen Kassen unterstützen; allein die Sache ging nicht nach Wunsche vor sich, und man überließ diese Entreprise einigen Kaufleuten in Mühlhausen in der Schweiz, welchen folgende Privilegia zugesichert wurden.

a. Dieses Etablissement wurde in besondern landesherrlichen Schutz genommen.

b. Wurde verordnet, daß die von den Entrepreneurs denen Arbeitern übergebene rohe Waren nicht als ein Crebitum, sondern als ein Depositum angesehen werden sollen.

c. Das zum Bauen erforderliche Brennholz sollen sie um den laufenden Preis auf jeweiliges Verlangen aus herrschaftlichen Waldungen erhalten

d. Wurde denen Entrepreneurs die Befreiung von Entrichtung des Land- und Pfundzolls, auch aller andern Abgaben — soviel die Einfuhr und den Erkauf der rohen Materialien und den Verkauf der Manufakturwaren aus erster Hand betrifft, auf 15 Jahre.

e. Denen Arbeitern hingegen, die erwähnte Entrepreneurs vom Auslande dahin ziehen, der freie Auf- und Abzug, auch die Freiheit von Frohnden und andern Abgaben so lange zugesichert, bis sie sich bürgerlich niederlassen und Haus und Güter erwerben.

Unter der Direktion dieser Entrepreneurs sollen jährlich etlich und 20000 Ellen Leinwand verfertiget und denen dortigen Inwohnern ein jährlicher Verdienst von ohngefähr 4000 Gulden zuteil geworden sein; allein sie konnten wegen verschiedenen Ursachen nicht länger als sechs Jahre dabei bestehen; die Kompagnie zerschlug sich gegen Ende des Jahres 1783. Es stunden zwar alsdann einige andere zusammen, welche diese Entreprise, die auch auf die Wollenspinnerei ausgedehnt wurde, fortsetzten; selben wurde auch der Kredit bis auf die Summe von 3000 Gulden bei einer herrschaftlichen Cassa unter der Bürgschaft zweier Mitinteressenten verwilliget, sie mußten aber die von Zeit zu Zeit erhobene Vorschüsse alle halbe Jahre zurückbezahlen.

Nun scheinet diese, für die dortige Gegend sehr vorteilhafte Anstalt ihrem Ende nahe zu sein, indem auch die dermalige Entrepreneurs dieses Geschäfte vorzüglich aus folgenden zwei Gründen aufgeben wollen; weil

1. der Einkauf und Transport des Hanfs, wovon, wie ich oben erinnert habe, in dem Oberamt Rötteln nicht sehr viel gebauet wird, gegenwärtig in zu hochem Werte stehe, um selben mit Vorteil verarbeiten zu können;

2. fehle es an Absatz, so daß noch eine große Partie rohe Tücher und unverarbeitet Garn sowohl in Basel als in der badischen Vogtei Tegernau liege, welche niemand abnehmen wolle. In den zwei letztern Winter sollen in diesen Gegenden 120 Zentner Hanf versponnen und auch zum Teil verwoben worden sein.

Die Indienne-Fabrik in Lörrach, welche ein aus Bern dahin gezogener Bürger und Indienne-Fabrikant Namens Küpfer schon im Jahre 1753 anlegte, ist noch immer in gutem Stande und beschäftiget das ganze Jahr hindurch 200—300 Hände; die meiste Arbeiter sind Unterthanen, anbei werden

Kinder, die noch in die Schule gehen und ohne diesem Etablissement ihren Eltern vielleicht zur Last fallen würden, beschäftiget. Im Anfange wurden nichts als Kommissionsarbeiten verfertiget; dann betrieb der Entrepreneur dies Geschäft auf eigene Rechnung und seit ein paar Jahren wird abermal nur auf Bestellung gearbeitet. Die Hauptpunkten des dem Entrepreneur erteilten Privilegii bestehen in folgendem.

1. Die Fabrik wurde in besondern landesherrlichen Schutz genommen.

2. Der Entrepreneur, seine Familie und Arbeiter in erster Instanz in allen Fällen unmittelbar dem Oberamt unterworfen, und dieses angewiesen, demselben in allen Vorfallenheiten schleunige und billige Assistenz zu leisten; alle Streitigkeiten zwischen denen Arbeitern oder Krämern ohnverweilt zu entscheiden und die Urtel gleichbald zu exequieren.

3. Wurde dem Entrepreneur zugesichert, von der Gewerbeschatzung immer befreit zu bleiben, von den acquirierenden Gütern aber keine größere als die gewöhnliche Schatzung und Landeskosten, nebst der Gült und Beb, so vorhero auf benen Gütern gehaftet — welche erwähnte Abgaben für ihn und seine Descendenten als ein fixum festgestellet wurden — zu bezahlen schuldig zu sein.

4. Die Freiheit von allen real- und personal-herrschaftlichen Landes- und Kriegsfrohnden, von Militärdiensten, Einquartierung, Abzug und Abzugs-Pfundzoll erstreckte sich nicht nur auf die Descendenten des Entrepreneurs, sondern auch auf die in der Fabrik arbeitende Fremde, so lang sich selbe nicht bürgerlich niederlassen.

Dieses Privilegium wurde im Jahr 1773 nicht nur bestätiget, sondern auch auf die Erben und Nachkommen des dermaligen Inhabers, einem Sohn des ersten Entrepreneurs, und auf seinen Associé, jedoch bei diesem nur auf seine Lebenszeit, wenn er so lange eine Anteil an der Fabrik haben solle, erstrecket, und ihnen mit denen selbst fabricierenden Waren ein uneingeschränkter Handel verstattet.

So viel ich weiß, ist diese Fabrik die einzige in den badischen Landen, die bloß aus eigenen Mitteln des Entrepreneurs, ohne herrschaftliche Vorschüsse etabliert wurde. Fürstliche Rentkammer hat zwar selben vor ein paar Jahren das Kapital von 3000 Gulden vorgestrecket, allein es war nur die Summe, welche derselbe einige Zeit vorhero für ein herrschaftliches Stück Gut bezahlt und alsdann wieder zurückgenommen hatte und mit fünf pro Cento verzinste.

Ferner wurde in Lörrach im Jahr 1782 auch eine Satinfabrik errichtet, und dem Entrepreneur derselben, einem Tuchscherer aus Mühlhausen, fast eben die nämliche Freiheiten, wie ich oben erinnert habe, zugestanden, auch ein Kapital von 4500 Gulden gegen fünf vom hundert und unter Verpfändung der Fabrikgebäude sowohl als des übrigen sämtlichen, sowohl liegenden als fahrenden Vermögens vorgestrecket. Anfangs solle der Absatz der verfertigten Waren sehr stark, und die Bestellungen so häufig gewesen sein, daß ein großer Teil derselben nicht hat angenommen werden können; auch sollen damals bei diesem Gewerbe über 80 Haushaltungen immer einen beträchtlichen Teil ihres Unterhalts gefunden haben.

Gegenwärtig spricht man von diesem Etablissement mit weniger Zuversicht; worauf sich solches gründe, ist mir unbekannt; vermutlich haben die Bestellungen, auf welchen der Hauptabsatz beruhete, nach und nach abgenommen.

Diese beiden Fabriken, dann die herrschaftliche Eisenwerker zu Hausen und Kandern und mehrere Privatis zustehende Eisenwerker, so an dem Wiesenfluß in der Gegend von Schopfheim angelegt sind, der Drahtzug und die Papiermühle, wie auch die Nagel- und Blechschmieden wenden denen Unterthanen des Oberamts Rötteln vielen Verdienst zu, ohne welchem wenigstens die sogenannte Wälderer — Bewohner der Walborte — müßig sein und ihren Nebenmenschen durch Betteln zur Last fallen würden.

Gewässer. Unter den Flüssen, welche das Oberamt Rötteln durchströmen, zeichnet sich abermals der Rhein vorzüglich dadurch aus, weil er die Grenze zwischen Elsaß und den badischen Landen bestimmt. Das Bett dieses Flusses ist bei Basel sehr eingeschränkt, und man berechnete, daß sich dort die Geschwindigkeit seines Laufs gegen die in hiesigen Gegenden wie 4 zu 5 verhalte; daraus ist leicht zu schließen, daß er denen nächst angrenzenden Bännen öfters sehr großen Schaden zufüge, welchem man badischerseits durch Anlegung beträchtlicher Vorwerke vorzukommen von jeher bemühet ware.

Bei Grenzach ist in diesem Fluß ein Lachsfang eingerichtet, welcher so wie samtliche Fischwasser in dem ganzen Oberamt Rötteln verlehnt ist; die Fischwasserzinse bei dortiger Burgvogtei werfen jährlich bei 900 Gulden ab.

Die Kander und die Wiesen sind nach dem Rhein die beträchtlichste Flüsse; dieser, welcher nicht nur das malerisch schöne Wiesenthal, sondern auch den größten übrigen Teil der Herrschaft Rötteln bewässert und die meiste von oben erwähnten Gewerken treibt, solle nach und nach 175 Jucherten oder 50 400 Quadratruten von den besten Matten weggerissen haben. Dieser beträchtliche Verlust machte die fürstliche Rentkammer äußerst aufmerksam, und man hat nun diesen Gegenstand in ernstliche Überlegung gezogen und dabei gefunden, daß die bisher gewöhnliche Bauart nicht viel nützen könnte, da man dem Übel immer erst bei geschehenem Einreißen und Überschwemmungen nach Möglichkeit und mithin in größter Eile zu steuern bedacht ware. Jetzt will man den Lauf dieses Flusses mehr einschränken; der Entwurf eines Planes dazu wurde dem Herrn Kammerrat Enderlin, von welchem ich in der Folge dieses Aufsatzes mehr anzuführen Gelegenheit haben werde, die Ausführung aber dem im Oberamt Rötteln aufgestellten Landcommissario aufgetragen. An denen zu diesem Bau erforderlichen Kosten sollen die Gemeinden im Wiesenthal, die Besitzer der Matten und Wasserwerker, dann die allgemeine Flußbaugelder, jeder Teil nach Verhältnis des von dem Wiesenfluß beziehenden Vorteils, beitragen.

Es giebt ohne Zweifel auch einige mineralische Quellen in

amt, und zu Rieblingen, Haningen und Fischingen sind wirklich Gesundheitsbrunnen (Bäder) angelegt; allein sie werden nicht sehr, wenigstens nicht von Fremden besucht. Die Herrn Oberbeamte machten erst kürzlich Vorstellungen, wie selbe in bessere Aufnahme gebracht werden können; es ist aber die Frage, ob der daraus erwachsende Vorteil denen darauf zu verwendenden Kösten entsprechen werde, noch nicht entschieden.

Münze. Maß. Feldmaß. In dem Oberamt Rötteln ist durchgehends die Basler Währung üblich; nach dieser hat der Gulden 25 Schilling oder 15 Batzen; das Pfund 20 Schilling oder 12 Batzen; der Batzen 4 Kreuzer oder 10 Rappen; der Schilling 12 Pfenning oder 6 Rappen; der Kreuzer 5 Pfenning oder 2½ Rappen; der Pfenning einen halben Rappen oder, nach dortiger Landsprache, 1 Hälbling.

Ein Malter Frucht hat 6 Viertel oder 8 Sester, ein Viertel 4 Imi, ein Sester 3 Imi, ein Imi 3 Becher.

Dieses Maß ist bei allen Fruchtgattungen gleich.

Ein Fuder Wein hält 8 Saum.

Ein Saum Röttler Sinn oder Aich hat 24 Viertel; ein Saum Sausenhardter Sinn oder Aich hat 20 Viertel, ein Viertel hat 4 Maß, die Maß 4 Schoppen.

Bei dem Feldmaß hat eine Juchert durch alle Gattungen Liegenschaften 4 Viertel oder 288 Quadratruten. Ein Zweitel hat 3 Viertel, ein Viertel hat 72 Quadratruten, eine Rute hat 12 Schuhe, ein Schuhe hat 12 Zoll.

Aufgestellte fürstliche Beamte. A. Unter die Civil-Bediente rechne ich:

1. Den Herrn Landvogt, Geheimen Rat Freiherrn von Berckheim.
2. Herrn Amtmann, welcher sowie
3. Herr Assessor Maler — der aber nur Votum consultativum hat — dem ersten zur Aushülfe beigegeben ist.
4. Ein Registrator.
5. Fünf Stribenten, die Sekretariats- und Kanzleidienste versehen.
6. Ferners stehen unter dem Oberamt 7 Hatschiers, 1 Amtsbot, 1 Turmhüter.
7. Zwei Stadtschreiber, wovon der eine in Lörrach, der andere aber in Schopfheim wohnhaft ist; jeder hält 2 Stribenten.
8. Drei Teilungskommissarien.
9. Zwei Landphysici: einer davon hat die Herrschaft Rötteln, der andere aber die Landgrafschaft Sausenberg zu versehen.
10. Ein Landchirurgus, welchem zugleich die Hebammeninstruktion oblieget.

B. Unter der Rentkammer stehen:

11. Der Herr Forstmeister.

Der Forstverwalter mit 1 Stribenten und ohngefähr 9 Förstern und

13. Der Herr Burgvogt nebst drei bei diesem Dienst angestellten Skribenten.

14. Zwei Schatzungseinnehmer, wovon einer in der Herrschaft Rötteln, der andere in der Landgrafschaft Sausenberg die Schatzung erhebt. Jeder hält 2 Skribenten.

15. Der geistliche Verwalter, führet auch die Pflegschaftsrechnungen.

16. Mit der Frohnvverwaltung ist dermalen auch die Frevel- und Taxverrechnung verbunden.

17. Die zwei Bergwerksinspectores zu Hausen und Kandern.

18. Der Landcommissarius und

19. Ein Werkmeister.

C. Die Geistlichkeit in diesem Oberamt macht ein besonderes Kapitul aus und stehet unter benen zwei Herrn Superintendenten zu Lörrach und Kandern.

Deren Besoldungen. Die Besoldung der Dienerschaft in diesem Oberamt ist beinahe die nämliche wie in dem Oberamt Hochberg, nur mit dem Unterschied, daß nach der Beschaffenheit der Größe des Diensts nur ein oder mehrere Skribenten Traktamenten verwilliget sind.

Fortsetzung meines Reisejournals.

Den Tag nach meiner Ankunft in Lörrach — 20. September — überschickte ich dem Herrn Landvogt ein mir vom Herrn Kammerpräsident Freiherrn von Gayling aus Karlsruhe übermachtes Empfehlungsschreiben und präsentierte mich demselben unmittelbar darauf. Er empfing mich mit der ihm eigenen Höflichkeit, von welcher ich während meinem Aufenthalte allda mehrere Proben genoß. Von der Landvogtei begab ich mich auf das Amthaus zu Herrn Hofrat Reinhard, welcher durch Herrn Kammerprokurator Geheimen Hofrat Meier von meiner Ankunft benachrichtiget ware, und sodann zu Herrn Oberamtsassessor Maler. Ich besahe die Indiennefabrik und speiste zu Mittag bei Herrn Landvogt, der eben an diesem Tag mehrere Personen, und unter andern beide Herrn Entrepreneurs eben erwähnter Fabrik zu sich geladen hatte. Nach der Tafel fuhr ich mit dem Herrn Landvogt und Herrn Amtmann nach Grenzach, einem badischen Marktflecken, der nur eine Meile von Lörrach ganz nahe am Rhein und an der Grenze des diesseitigen badischen Territorii lieget. Er ist wegen mehrern Seidenwebereien, die von einzeln Meistern auf Bestellungen aus der Schweiz betrieben werden, und einer allda angelegten Scheide- und Wasserbrennerei remarquable. Er hat eine nicht minder angenehme Lage, als die dortige Gegenden überaus fruchtbar sind, und wird von Kaufleuten aus Basel, welches sich in einer Entfernung von ohngefähr einer kleinen Viertelstunde in seiner ganzen beträchtlichen Größe dem Auge darstellet, des Nachmittags häufig besuchet. Hier sahe ich Ochsen auf eben die Art, wie die Pferde, angeschirrt vor dem Pfluge gespannt; so flachen Gegenden, wie diese sind, mag es wohl angehen, aber in ge[…] wäre damit nicht fortzukommen.

Nachdem wir einige Seidenweber, die eben verschiedene, zum Teil sehr artige geblümte Stoffe in der Arbeit hatten, besucht, auch die erwähnte Scheidewasserbrennerei besichtiget, kehrten wir wieder nach Lörrach zurück. Der Herr Hofrat und Amtmann Reinhard ließ während dieser Zeit meinen Mantelsack in dem Gasthofe, wo ich abstieg, abholen und bot mir seinen Tisch und ein Zimmer auf eine so freundschäftliche Art wiederholtermalen an, daß ich es nicht ausschlagen konnte.

Den folgenden Morgen — 21. September — machten wir einen Spaziergang nach Tüllingen, welches auf einer Anhöhe liegt, von welcher man auf einer Seite das ganze Wiesenthal, die Trümmer des Schlosses Rötteln und die Stadt Lörrach, auf der andern die Stadt Basel, die jenseits des Rheins angelegte französische Festungen Hüningen, die unter gleicher Landeshochheit stehende Dörfer Neudorf, Saint-Louis und andere mehr mit einmal übersehen konnt. Mühlhausen, Prundrut — der Sitz des Bischofs und Kapitels von Basel, wie auch jener Teil der Schweizer Gebirge, der über die andere hervorraget, waren uns wegen dem Nebel nur halb sichtbar; bei heiterm Wetter solle man sie ziemlich deutlich sehen.

Den Nachmittag brachte ich bei dem Herrn Landvogt, den Abend aber bei einem der Herrn Indienne-Fabrikanten zu, bei welchem diesen Tag das sogenannte Kränzchen gehalten wurde.

Donnerstag, den 22. September frühe, fuhr ich über Riehen, ein zu dem Kanton Basel gehöriger Marktflecken, wo mehrere sehr schöne, Kaufleuten zustehende Gärten und Gartenhäuser sind, nach Basel, welches nur 1 Meile von Lörrach entfernt ist.

Ich übergehe die Beschreibung dieser Stadt und führe nur jene Gegenstände an, die mich während meinem kurzen Aufenthalte allba . mehr oder weniger aufmerksam machten und beschäftigten.

Ich stieg in dem Gasthofe der drei Könige ab und ließ mich sogleich durch einen Mietlakai zu dem Herrn Stabtmajor Haas führen, an welchen mir der Herr Oberamtsverweser Schlosser in Emmendingen ein Schreiben mitgab; da sahe ich die Buchstaben-Gießerei, ein sehr weitläuftiges Werk, welches Herr Haas auf eigene Rechnung führet. Der Erfindung oder wenigstens dem unermüdeten Eifer dieses Mannes hat das Publikum den ersten und, nach meinem Ermessen, nicht ganz unglücklichen Versuch, Landkarten wie andere Schriften mit beweglichen Buchstaben zu drucken, zu verdanken; allein bishero blieb man immer noch bei Versuchen stehen; vielleicht aus Mangel an Arbeitern, die sich auf das äußerst mühesame Setzen legen wollen. Indessen könnte diese Erfindung doch von vielem Nutzen sein, indem die Setzung und Abdruckung viel geschwinder gehet, als der Kupferstich und viel Korrektionen, die der Stich nicht leidet, dort statt haben, und man auf eine vollkommenere Genauigkeit zu rechnen berechtiget ist.

Haas führte mich in seinen Garten und machte mich auf folgendes

Experiment aufmerksam: er befestigte einen 500 Schuhe langen und nicht ganz einen Viertel Zoll dicken eisernen Draht an beiden Enden in der Richtung eines Plani inclinati von Mitternacht gegen Mittag, aber auf solche Art, daß selber immer wieder angespannt werden kann, wenn er nachläßt; dieser Draht ist unaufhörlich bald mehr, bald weniger in Bewegung und solle bei mindester Veränderung der Witterung ohne geringster Berührung schon eine Zeit vorher eine ziemlich starke Resonanz von sich geben. Ich überzeugte mich selbst davon, indem ich den Draht mit meinem Stock berührte und auf diese Art eine fibratorische Bewegung in dem Arm fühlte und auch einen ähnlichen Klang deutlich hörte.

An der öffentlichen Tafel in oben erwähntem Gasthofe traf ich mit dem Herrn Land-Baumeister aus Emmendingen zusammen. Unter denen übrigen Gästen erkannte ich sogleich den Monsieur Zehender de Beauregard, citoyen de Berne, welcher den Abend vor meiner Abreise von St. Blasien dort ankam und seinen Name auf eine sehr gefällige Art in meine Brieftasche schrieb. Er kam mit seinem Oheim, Herrn Richener, Lieutenant-Colonel de Berne nach Basel.

Nach Tische ging ich in den sogenannten Markgräfler Hof; da aber der Aufseher darüber nicht zu Haus ware, so konnte ich ihn nur von außen sehen: dieses Haus, welches größtenteils von Quadersteinen aufgeführet ist, und ein ansehnliches Portal hat, gehöret dem Herrn Markgrafen von Baden. Es diente diesen Fürsten, welche das Bürgerrecht allda haben, in diesen Kriegszeiten öfters zu einem Asyle; der beträchtlichste Teil des Archives wurde dort aufbewahret, und es ist erst wenige Jahre, daß selber nach Rastatt transportiert wurde. Von da eilte ich mit innigster Sehnsucht zu Herrn von Mechel*, nachdem ich demselben ein paar Stunden vorhero ein Schreiben, das ich von Lörrach mitbrachte, überschickt hatte.

Wenn mich Männer von so seltenen Verdiensten und die von Fürsten und Kaiser selbst besucht werden, mit Liebe und Freundlichkeit empfangen, so thut es mir doppelt wohl. Alle Reisende, die Herrn von Mechel besuchen — und es solle kein Tag vergehen, wo er nicht solche Besuche erhält — werden mit mir einstimmen, daß er der gefälligste, im Umgang der angenehmste Mann seie, und daß bei ihm nicht die mindeste Spur von dem Stolz, der großen Künstlern so gern anklebet, anzutreffen. Diesmal hielt ich mich nicht lange bei ihm auf; ich durchging die Gemälde, wovon einige von großem Werte und in einem Zimmer aufgestellt sind, obenhin, und begab mich sogleich auf die Stadtbibliothek, die eben an diesem Tage für jedermann offen stand. Herr von Mechel begleitete mich dahin. Wir kamen durch den großen Kirchhof bei dem Prediger-Kloster, wo auf einer Mauer von wenigstens 200—300 Schuhe lang der sogenannte Totentanz mit Ölfarben in Lebens-

---

* Christian v. Mechel, bekannter Kunstfreund und Kupferstecher in B Allgem. Deutsche Biographie 21, 153.

größe gemalt stehet. Von diesem unter dem Name Basler Totentanz allgemein bekannten Gemälde bemerke ich folgendes. Man hält dafür, daß dieses alte Monument zu Zeiten Kaisers Sigismund bei der allda gehaltenen großen Kirchen-Versammlung und zum Gedächtnis der Pest, die in dieser Stadt anno 1439 graffierte, gestiftet worden seie. Im Jahr 1568 wurde es renoviert, und ein gleiches geschahe anno 1616, doch immer so, daß der erste Grundriß davon immer genau beibehalten wurde. Man behauptet, daß die Figur des Papstes das eigentliche Bildnis Felix des Fünften, jene des Kaisers und Königs die Porträts Sigismundi Imperatoris und Alberti II. Regis seien. Die Reimen, welche über jede Figur geschrieben sind, verraten ohngefähr den Geschmack des damaligen Zeitalters.

Auf der Bibliothek trifft man nebst einigen sehr schönen Gemälden von dem berühmten Holbein, worunter vorzüglich ein Leichnam Christi, das Abendmahl des Herrn und die in einem Kasten verschlossene, aus vielen Gemälden bestehende Passionsgeschichte die Augen der Kunstverständigen auf sich ziehen müssen, auch eine kleine Naturalien-Sammlung an. Das lateinische Manuskript, welches vor wenig Jahren in das Französische übersetzt und in Basel unter der Aufschrift L'éloge de la folie gedruckt wurde, wird als etwas ganz besonderes betrachtet: Erasmus Rotterdamus ist der Verfasser, und sein Herzensfreund Holbein verfertigte die Zeichnungen dazu. Die Grabschrift des erstern las ich in der Münsterkirche allda: er starb im Jahre 1536 und spielte unter den Gelehrten selber Zeit eine wichtige Rolle. Jeder Fremde wird von dem Herrn Bibliothekär ersucht, seinen Namen in ein dazu bestimmtes Buch zu schreiben.

In dem Münster, einem weitläuftigen alten Tempel, wird noch der Saal, wo im Anfange des 16. Jahrhunderts (?) die Kirchenversammlung gehalten wurde, und die Bänke, auf welcher die Kirchenväter bei dieser Gelegenheit saßen, gezeigt.

Das Arsenal, welches für eine Merkwürdigkeit in dieser Stadt passieret, ist mit Kanonen, Musketen, Hellebarden, Säbeln und dergleichen Mordgerätschaften, wovon aber heutzutage wohl der geringste Teil zu brauchen sein dürfte, angefüllt.

Nachdem ich den Herrn Balthasar Stähelin, einem Kaufmann, an welchen ich ebenfalls eine Adresse hatte, besucht, kehrte ich wieder zu Herrn von Mechel zurück, wo ich diesen Abend mit Durchgehung seiner zahllosen Kupferstich-Sammlung auf eine sehr angenehme Art zubrachte. Der Sohn des Herrn Major Haas, der bei Herrn von Mechel arbeitet, führte mich den folgenden Morgen zu Herrn Sarazin, der ein sehr schön möbliertes Haus besitzet, in welchem eine Seidenbandfabrik angelegt ist. Seine Majestät der Kaiser haben diese bei Höchstdero letztern Durchreise durch Basel selbst beaugenscheiniget. Herr Sarazin sowohl als Herr Bankier Bienz, an den ich ebenfalls adressiert ware, empfingen mich mit vieler Höflichkeit und würden mir gewiß thätige Beweise davon gegeben haben, wenn ich mich länger allba hätte aufhalten können.

Überhaupt sollen sich die Kaufleute in Basel vor denen übrigen Schweizer Städten durch ihre feine Lebensart auszeichnen; sie sprechen sehr gut französisch und ziehen diese Sprache bei jeder Gelegenheit vermutlich aus dem Grunde ihrer Muttersprache vor, weil diese einem Fremden sehr auffällt. Den Vormittag bringen sie gewöhnlich in ihre Comptoirs, den Nachmittag auf den Landhäusern und den Abend in dem sogenannten Kämmerle (Gesellschaft) zu; zu dieser wird, wie man mich versicherte, kein Fremder zugelassen.

Vor der Tafel ging ich nochmals zu Herrn von Mechel, wo ich sein Gemäldekabinet mit mehr Muße betrachtete. Ein Stück war darunter, das mich ganz an sich zog und noch immer lebhaft vor den Augen stehet. Ein Maler in Basel verlor seine innigst geliebte Gattin in den Wochen. In dem heftigsten Schmerze malte er selbe als eine edle weibliche Gestalt, mit fliegenden Haaren, eingehüllt in einem weißen Schleier, aufsteigend in den Wolken zu dem hellen Glanz der Gottheit. Unverwandt ist ihr anbächtiger Blick auf diese gerichtet, aber mit der Rechten deutet sie auf ihr zurückgelassenes Kind, das auf einem Rasen nur mit etwas Gewand unter sich lieget, seine kleine Hände nach der Mutter ausstrecket und um Hülfe schreiet.

Herr Fitsch solle ebenfalls eine auserlesene Gemäldesammlung haben.

Wegen dem Quatember oder, nach dortiger Landsprache, sogenannten Frohnbfastenmarkte war diesen Mittag die Tischgesellschaft in dem Gasthofe der drei Könige über 40 Personen stark; wir speisten auf einer großen Altan, die gerade über den Rhein stehet, und von welcher man einen großen Teil der Stadt übersehen kann.

Gegen drei Uhr reiste ich mit Herrn Amtmann Reinhard, der mich abholte, von Basel ab und über Kleinhüningen, Märkt, Eimelbingen, Binzen und Thumringen nach Lörrach zurück.

Mein Reisegefährte machte mich auf die, in diesen Gegenden auf badischer Seite angelegte beträchtliche Vorwerke und besonders auf den großen Querdamm bei Märkt, welchen Herr Kammerrat Enderlin entwarf und mit bestem Erfolg auch ausführte, indem dadurch der eindringende Rheinstrom mit Gewalt zurückgetrieben wurde, aufmerksam.

Den 24ten September. Diesen Vormittag brachte ich bei dem Herrn Burgvogt zu; mittags speiste ich bei dem Herrn Landvogt und nachmittags besuchte ich den Herrn Frohnbverwalter.

Sonntag, den 25ten, wohnte ich zu Stetten — einem unbeträchtlichen Dorfe, so ohngefähr eine kleine halbe Stunde von Lörrach nach Basel liegt, und über dessen Gerichtsbarkeit sich das Haus Österreich mit Baden zanket — der Predigt und der Messe bei. Den Nachmittag brachte ich bei dem Herrn Einnehmer, dem Herrn Geistlichen Verwalter und endlich auch noch bei dem öfters erwähnten würdigen Herrn Landvogt zu.

Montag, den 26ten frühe fuhr ich nach Kandern, welches der Hauptort in der Landgraffchaft Saufenberg ist. Es liegt in einem von hohen Bergen eingeschlossenen Thal, ohngefähr drei Stunden von Lörrach, hat durchgehends schlecht gebaute Häuser und ist nur wegen dem allda angelegten herrschaftlichen Eisenwerke bekannt; seine Größe kann man aus der Bevölkerung, die sich im Jahre 1784 auf 1022 Seelen belief, entnehmen.

Von dem Schlosse Saufenburg sind nur noch ein paar halb zerfallene Hauptmauern, die auf einer Anhöhe stehen und rings umher mit großen Eichen bedeckt sind, übrig.

Ich logierte bei dem Herrn Oberforstmeister und brachte mit dem, in jeder Rücksicht verdienstvollen dortigen Herrn Bergwerksinspektor abends ein paar Stunden zu und besah unter dessen Begleitung das herrschaftliche Hammerwerke.

Ein starker Regen nötigte mich gegen meinen Plan allda zu übernachten und die Fortsetzung meiner Reise in die Herrschaft Badenweiler auf den folgenden Morgen zu verschieben.

Übersicht der Herrschaft Badenweiler. Die Herrschaft Badenweiler hängt gegen Mittag mit der Landgraffchaft Saufenberg zusammen; gegen Morgen und Mitternacht wird sie von den vorderösterreichischen Landen eingeschlossen und gegen Abend bestimmt der Rhein ihre Grenzen. Sie macht ein besonderes Oberamt aus, ob sie gleich nur ohngefähr 36 Ortschaften enthält, welche zusammen genommen in 13 Vogteien eingeteilet werden. Ihre Größe kann ich nicht angeben, da die Vermessung derselben bei wirklich vorgenommener Renovation noch nicht zustande gebracht worden ist. Die Bevölkerung belief sich anno 1784 auf 10631 Seelen; darunter wurden 570 Personen von 66 und mehrern Jahren gezählet.

Produkten. Aus dem Mineralreiche. Schon Kaiser Friedrich der Dritte solle dem Hause Baden anno 1475 das privilegium fodiendi gegeben haben, und seit dieser Zeit wird da auf silberhaltiges Blei gebauet; da es aber sehr nesterweise bricht, hat man es wechselweise bald eröffnet, bald wieder eingestellet.

Gegenwärtig werden mehrere Gruben auf Kosten der Interessenten oder sogenannten Herrn Gewerkern, und eine auf herrschaftliche Rechnung gebauet. Das Erz wird da gepocht, gewaschen, und die Schlich zu der bei Emmendingen gebauten Schmelzhütte geliefert, bei dem bisher ohne Ausbeute geführten Bau auf Steinkohlen traf man auf Bergpech, Quarz, Schwerspat mit etwas Flußspat und Bleiglanz, auch etwas wenigem Bleierz; dieses wird nun fortgebauet und ein Schacht angelegt. Ferners wird da in beträchtlicher Menge Gyps gebrochen und zur Besserung der Äcker verkauft.

Die Haupt-Steinarten dieser Gegend sind Kalk, Granit, Quarz und Marmor; letzterer ist sehr schön, strotzt von versteinerten Konchylien und verdiente allerdings ein besonderes Augenmerk.

Die Hauptbestandteile des Bodens sind Thon-Erde, Kalk-Erde und Garten-Erde (humus), die besten, welche man wünschen kann.

In einer zu diesem Oberamt gehörigen Gemarkung solle Antimonium, aber nicht sehr beträchtlich, brechen.

Landwirtschaft. Die innere und landwirtschaftliche Verfassung dieses Oberamts betreffend, so solle hierin in Ansehung der niedern und obern Vogteien, in die es seiner Lage nach eingeteilet wird, eine große Verschiedenheit herrschen. Jene seien und bleiben in gesegneten Umständen: sie erziehen die besten Früchte, guten Wein und ein paar davon vorzüglich schönen Hanf.

Die Matten, welche der dortige Landmann durch Hülfe der Wässerung zu einem guten Ertrag zu bringen verstehet, machen den Kleebau weniger notwendig; dessen Fortpflanzung wird ohnehin auch durch die kleine Bannbezirke, die durch die Besitzungen der benachbarten Österreicher noch mehr zerstückelt werden, gehindert. Man bauet in Ermanglung dieses Futter-Krauts viele Brach- und Stupfel-Rüben, die zur Mastung der Ochsen, worauf sich der dortige Bauer sehr stark legt und wobei er sich einen ansehnlichen Gewinn verschafft, gebraucht werden.

Diese Vogteien sind auch in besserm Wohlstande, obschon überhaupt die ganze Herrschaft Badenweiler ziemlich begüterte Unterthanen hat. In der benachbarten Stadt Freiburg können sie ihre Produkten immer mit Vorteil absetzen. Sie sollen auch eine einfachere Lebensart als die Röttler Bauern führen und im Feldbau unermüdet sein. Der Vorwurf, den man jenen macht, daß sie selten mehr als 2, höchstens 3 Kinder zeugen, solle auch diese treffen, und deshalb das Vermögen zu wenig verteilt sein.

Ein **Hindernis** der Beförderung des Wohlstandes in dieser Gegend ist folgender Umstand. Die benachbarte österreichische Unterthanen reichen mit ihren Besitzungen sehr weit in die diesseitige Bann-Grenzen, welches für die badische sehr nachteilig ist. Man hat vonseite fürstlicher Rentkammer schon auf verschiedene Mittel gedacht, diesem abzuhelfen, z. B. durch Zusicherung einiger Vorschüsse gegen leidentliche Zinse, lebenslängliche Schatzungsfreiheit von dergleichen verkauften Güterstücken. Es würde auch dem badischen Landmann nicht an eigenem Vermögen dazu fehlen, aber die Österreicher verstehen ihr Interesse nicht minder, suchen die Fälle, wo die Badische sich des Zugrechts bedienen können, so selten als möglich zu machen und solche gewöhnlich als simple Vertauschungen zu behandeln. So viel von den sogenannten niedern Vogteien.

Die oberen sind zwar schon ihrer Lage nach, da sie von der Hauptstadt etwas entfernter liegen, nicht so glücklich als jene; indessen trägt die mindere Industrie und Thätigkeit unter dem dortigen Landvolke, die Üppigkeit und das Wohlleben — Urquellen des Verfalls — mancher Familien viel dazu bei. Der reiche und vermögliche Bauer in dieser Gegend solle es in seiner Lebensart und Kleidung immer sehr übertrieben haben, so sehr man auch bemühet gewesen, ihm Schranken zu setzen. Der minder vermögliche oder sogenannte Mittel-Bauer, um nicht weniger zu scheinen, macht es jenem nach, und selbst der Taglöhner schämt sich, eines andern Knecht zu sein. Dieser letzte Umstand versetzet jene, die fremde Hände bedürfen, in die Notwendigkeit, von auswärtigen Orten das nötige Gesinde herbeizuziehen, welches in seinen Bedürfnissen fast nicht zu befriedigen ist und ihnen sehr hoch zu stehen kömmt.

Ohngeachtet aller dieser Verhältnisse ist der Zustand der Landwirtschaft auch in diesen Gegenden blühend.

Der beträchtlichste Nahrungszweig dieser Herrschaft ist der Wein. Die vom seligen Herrn Pfarrer Frommel, dessen patriotischer Eifer für die Verbesserung der Landwirtschaft im Lande sehr bekannt ware, angestellte Versuche, in die Reben Klee zu pflanzen, wurden von verschiedenen Personen nachgeahmet, aber sie sollen größtenteils mißlungen sein.

In der Gegend von Laufen, ganz nahe bei Heitersheim, ist ein herrschaftliches Rebstück von ohngefähr 3 Morgen, dessen Verkauf vorteilhaft scheinet und schon mehrmals angeraten wurde; es wird aber aus dem Grunde nicht veräußert, um zu Versuchen mit Anpflanzung fremder besserer Rebsorten Gelegenheit zu haben. Mehrere von Vorurteilen etwas Unbefangenen haben schon dergleichen Proben gemacht; aber sie sollen nicht ganz dem Wunsch und der Erwartung entsprochen haben.

An vielen Orten in dieser Herrschaft sind öde Distrikte, deren Urbarmachung mit geringen Kosten und zu großem Vorteile der Gemeinden bewirket werden könnte. Vermutlich war die Nachlässigkeit des Landmanns und eine zu geringe Aufmerksamkeit vonseite des Oberamts schuld, daß solches bishero unterblieben.

Von der Viehzucht, einem weiten Nahrungszweige des Landvolks weiß ich nur folgendes anzuführen.

Nach der von der Einnehmerei dieser Herrschaft im Hornung vorigen Jahrs zur Rentkammer eingesandten Tabelle befanden sich in diesem Oberamt: Pferde 1023 — darunter brauchbar 893, Rindviehe 4441 — darunter nutzbare Kühe 2035, brauchbare Ochsen 1259, Schafe 3262, Schweine 3212, Geißen 210 Stücke.

Die Pferdezucht verdient eine größere Aufmerksamkeit als bishero geschehen, und es ist zu vermuten, daß nach den von dem Herrn Kammerpräsident bei Gelegenheit seiner letztern Reise in die Oberlande gemachten Vorschläge besonders Beschälhengste aufgestellet werden.

Die Rindviehzucht solle in den niedern Vogteien beträchtlicher und vollkommener sein, als in den obern; indessen sehe man stark auf Schweizer Farren und ziehe wirklich an mehrern Orten schöneres und stärkeres Vieh als vormals nach.

Hier muß ich auch erinnern, daß in diesen Gegenden, so wie in den

Unterlahnden, vor ein paar Jahren ein besonderer Chirurgus für den Unterricht in der praktischen Vieharzneikunde aufgestellet worden.

Von Fabriken und Manufakturen ist in der Herrschaft Badenweiler nichts anzutreffen.

Ich habe eben schon bemerket, daß die Unterthanen dieses Oberamts, überhaupt genommen, ziemlich begütert, daß aber das Vermögen zu wenig verteilet seie. Nach denen von den verrechneten Bedienstungen entworfenen Ausstandkonsignationen muß es da auch sehr viele Arme geben, und besonders solle die Judenschaft in Müllheim und Sulzburg immer mehr in Verfall geraten.

Das Landvolk solle ziemlich aufgeklärt, zum Teil dem Wohlleben ergeben sein. Der Herr Oberbeamte hat mich versichert, daß die neuere prosaische Schriftsteller in mehrern Bauernhütten anzutreffen und verstanden werden.

Der gegenwärtige Herr Oberbeamte hat es sich seit mehrern Jahren sehr angelegen sein lassen, der in diesen Gegenden eingerissenen Neigung, allzugroße, denen Bedürfnissen eines Landmanns nicht ganz angemessene Wohngebäude aufzuführen, Schranken zu setzen, und hat es endlich mit vieler Mühe dahin gebracht, daß jeder, welcher zu bauen Willens ist, vorerst einen Riß fertigen läßt, nach welchem man sowohl die Holzerfordernisse berechnen, als auch beurteilen kann, ob das aufzuführende Gebäude für den Bauenden nicht zu kostspielig werde. Ein wesentlicher Vorteil dabei ist die Holzersparnis, indem vorhero teils aus Unverstand, teils aus Eigennutz der Zimmerleute immer weit mehr Bauholz gefodert wurde, als nötig gewesen: der Ueberschuß wurde fortgeschleppt oder verbrannt. Durch diese Einrichtung wird ferners bewirket, daß nach einem vernünftigern Plan, als sonst auf dem Lande gewöhnlich ist, und dauerhafter gebauet werde.

Die herrschende Religion in diesem Oberamt ist die evangelisch-lutherische: ein paar Gemeinden sind, wo nicht ganz, doch größtenteils der katholischen zugethan, so daß deren Anzahl in benen letzteren Seelentabellen auf 726, jene der reformierten aber auf 88 angegeben wurde. Hie und da giebt es Wiedertäufer und Juden.

Aufgestellte fürstliche Beamte. A. Civilbediente. Der Herr Oberamtsverweser, Herr Landcommissarius, drei Skribenten bei Oberamt, drei auf dem Lande angestellte Skribenten oder sogenannte Teilungscommissarii, drei Hatschiers.

Ferner stehet unter dem fürstlichen Hofratskollegio das Medizinalwesen: nämlich der Oberamtsphysicus, der Landeschirurgus und noch zwei andere Chirurgi und Accoucheurs.

B. Kameralbediente. Die Gefälle teilen sich unter die beide Verrechnungen, nämlich die Burgvogtei — womit gegenwärtig zugleich die geistliche Verwaltung verbunden ist — und die Einnehmerei.

Die Rechnungsführung des Sportelwesens liegt dermalen nebst dem Teilungrevisionsgeschäfte dem Renovator ab.

Dieses Oberamt hat kein besonderes Oberforstamt; die obere Vogteien werden von dem Oberforstamt Rötteln, die niedere von dem Hochberger versehen.

C. Die gesamte protestantische Geistlichkeit und Schulmeister stehen unter dem Herrn Superintendenten dieser Herrschaft, welcher zu Müllheim wohnet.

Derselben Besoldungen. Hier muß ich das wiederholen, was ich oben Seite 60 angeführt habe.

Der Bergwerks-Inspektor zu Oberweiler hat an Geld 269 Gulden, Roggen 7½ Malter, Dinkel 15 Malter, Gerst 2 Malter, Wein 14 Saum, Brennholz 10 Klafter samt freier Wohnung und einigen Stücken Beinützungs-Güter.

Hierunter ist der Gehalt für einen Skribenten mitbegriffen.

Fortsetzung meines Reisejournals.

Den 27ten September vormittag ritt ich von Kandern nach Badenweiler; der Herr Oberforstmeister Freiherr von Stetten hatte die Güte, mir nicht nur eins von seinen Pferden, sondern auch seinen Reitknecht mitzugeben; da dieser den kürzesten Weg über die sogenannte Hechenmatte nicht recht kannte, so nahmen wir in dem nächsten Dorfe den Wächter als Wegweiser mit.

Badenweiler ist von der Seite gegen Kandern der erste Ort, welcher zu der Herrschaft gleiches Namens gehöret. Er ist ziemlich beträchlich, liegt in einer romanhaft schönen Gegend, an dem Fuße eines hohen, an Holz und Erzprodukten reichhaltigen Berges und wird seit alten Zeiten wegen den Gesundheitsbrunnen ziemlich stark besucht. Gegenwärtig ist er äußerst remarquable. Im Juni 1784 wurden ganz zufällig, aus Veranlassung eines neu aufzuführenden herrschaftlichen Gebäudes, zu welchem man die, auf einer an den Flecken anstoßenden großen Matte unter dem Schutte hervorragende Steine benutzen wollte, alte römische Bäder entdeckt, die sich ganz sonderbar, vielleicht schon mehrere Jahrhunderte hindurch, gut konservierten und zuverlässig das schönste, vollständigste derartige Monument, welches bis auf unsere Zeiten aufgespüret wurde, genannt zu werden verdienet.

Ein hiesiger Ingenieur hat sie mit möglichster Sorgfalt geometrisch aufgenommen, und ein Schüler des Herrn von Mechel, Herr Gmelin, der bis künftigen Sommer nach Rom zu gehen Willens ist, um dort unter Anleitung großer Künstler seine Kenntnisse zu erweitern, hat sie erst in abgewichenen Spätjahr ziemlich getreu auf Kupfer gestochen.

Ich lege diesen Plan in der vollkommnen Überzeugung nebst der Erklärung der Buchstaben hier an[*], daß er auch jenen einigermaßen interessant

[*] Fehlt.

sein dürfe, die dieses römische Altertum nicht auf dem Platze selbst bewundern
können, und wünsche sehr, daß ich die, bereits unter der Presse sein sollende
weitläuftigere Beschreibung bald zuhanden bekommen möge. Diejenige, welche
bishero davon gemacht wurden, werden sehr fehlerhaft befunden, und ich wage
es ebensowenig die einzelne Bemerkungen, die ich über diesen Gegenstand hie
und da sammelte, mitzuteilen.

Nachdem ich diese Bäder unter Begleitung des, in dortiger Gegend bei
dem Renovationswesen angestellten Geometro gesehen und die ohnbegrenzte
Aussicht bewundert, die man auf der Anhöhe, wo die Trümmer des Schlosses
Badenweiler stehen, genießet, auch den dortigen Herrn Pfarrer besucht habe,
setzte ich gegen den Abend meinen Weg auf einem Mietgaul nach Müllheim
fort, wo ich mich, weil es der Wohnort des Oberamtsverwesers und der
Kameralbediente ist, ein paar Tage aufzuhalten beschlossen hatte.

Müllheim liegt ohngefähr eine halbe Stunde von Badenweiler und ist
in Ansehung seiner Länge, die beinahe eine Viertelmeile beträgt, der größte
Marktflecken, den ich nicht nur auf dieser, sondern auch denen vorherigen
Reisen gesehen habe; er enthält 1555 Seelen und eine der Bevölkerung angemessene Anzahl Häuser, wovon aber nur wenige ein äußerliches Ansehen
haben. Schade, daß die Postkutsche nach Basel nicht durch, sondern an dem
Orte vorbei gehet; das Posthaus stehet an der Chaussee; von da bis zu einem
dem Amtshause gegenüber stehenden Wirtshause, allwo die größte Einkehr ist,
werden von jedem Pferde 15 Kreuzer über das gewöhnliche Postgeld gefodert.

Während meinem viertägigen Aufenthalte in Müllheim, wo ich mich
immer in Gesellschaft des Herrn Oberamtsverwesers oder des Herrn Burgvogts befand, machte ich täglich eine andere und zwar folgende Exkursionen.

a. Auf den oben erwähnten Berge, der Blauen genannt, an dessen Fuß
Badenweiler liegt; er ist sowohl wegen der Aussicht als wegen mehreren Erzgruben, wovon aber nur ein paar noch gebauet werden, remarquable.

b. Nach dem Dorfe Oberweiler, welches nur einige tausend Schritte
von Badenweiler entlegen; allba ist ein herrschaftliches Eisenwerk, welches aber
wegen verschiedenen Reparationen eben stille stand.

c. Ueber Zunzingen und Britzingen nach Sulzburg, einem armseligen
Landstädtchen, welches an der badischen Grenze in einer rauhen Gegend liegt.
Allba ist eine große herrschaftliche Kellerei, in welcher eine Menge der besten
Weine dortigen Gewächses liegt. Einige tausend Schritte außer dem Orte
sind mehrere Erzgruben; ich befuhr jene, die auf herrschaftliche Kosten gebauet
wird und ziemliche Hoffnung giebt; sie wird nicht stollen-, sondern schacht-
weise gebauet. Die Tiefe derselben betrug damals erst 28 Lachter. Hier sahe
ich wieder eine andere Art Setzwasche, die beinahe denen in Straßburg häufig
angebrachten sogenannten Waschbrücken gleichet. Zurück nahmen wir einen andern
Weg: nämlich über Laufen — wo ein vorzüglicher guter Wein wächst —,
St. Ilgen, Buggingen, Hügelheim, dann auf der Poststraße nach Müllheim.

d. Nach **Heitersheim**; es ist ein unbeträchtlicher Marktflecken zwischen Müllheim und Freiburg, ganz nahe an der Landstraße und der Sitz des Großpriors der deutschen Malteser Zunge. Es würde überflüssig sein zu erinnern, daß diese Würde vom Kaiser Karl V. in den Reichsfürstenstand erhoben worden seie, und daß ein jeweiliger Großprior sowohl in dem Reichsfürsten-Rate auf der geistlichen Bank zwischen denen gefürsteten Pröpsten zu Ellwangen und Berchtolsgaden als auch auf den oberrheinischen Kreistägen Sitz und Stimme habe.

Der gegenwärtige Fürst ist aus dem Geschlechte der Freiherrn von Reinach, die in Elsaß begütert sind. Er hat ohngefähr 60 Jahre und ist von sehr feurigem Temperamente. Seine Frau Schwester, die an den französischen General Comte de Lantilac verheiratet ist, hat die Aufsicht über die Ökonomie; sie solle selbe sehr gut verstehen, so wie überhaupt aus ihren Handlungen Verstand und richtige Beurteilungskraft hervorleuchtet. Die Staats- und andere Angelegenheiten besorgen der Kanzler und ein paar Hof- und Kammerräte.

Der Fürst ist gegen jedermann freundlich und erweiset jenen, die ihn in seiner einsamen Residenz besuchen, ungemein viele Höflichkeit. Er führte mich vor der Tafel selbst in seine Stallungen und unterhielt mich anbei mit Bekanntmachung verschiedener kaiserlichen Verordnungen; die Restriktion der Frohnden in den gesamten österreichischen Erblanden solle denen Gutsbesitzern jährlich einen beträchtlichen Schaden verursachen und auch die Einkünfte dieses Fürstens merklich schmälern.

Sonntag, den 2. October früh reiste ich von Müllheim wieder ab, nachdem ich noch vorher dem dort wohnenden Herrn Superintendenten der Herrschaft Badenweiler, einem würdigen Greise von etlich und 60 Jahren, meinen Besuch abgestattet hatte.

Der Herr Oberamtsverweser begleitete mich bis Krotzingen — Poststation —, wo wir bei dem Herrn Abminiſtrator des Gotteshauses St. Blasien, welches in dieser Gegend verschiedene Gefälle beziehet und den Ort Staufen besitzet, schon gemeldet waren. Eben gedachter Herr Abminiſtrator führet den Titul eines Propsts, besitzet ungemein viele Weltkenntnisse und Lebensart und besorget das Interesse seines Konvents bei der Regierung zu Freiburg, wo er mit denen ersten Häusern in Verbindung stehet, auf eine sehr feine, politische Art.

Nach der Tafel fuhr ich in einer Postchaise nach Freiburg, wo ich den Abend im Theater zubrachte und bei Herrn Landsyndicus von Baumann soupierte.

Die Chaussee von Müllheim bis Freiburg ziehet durch folgende Ortschaften: a. Hügelheim, b. Buggingen, c. Seefelden (zu dem Oberamt Badenweiler gehörige, eben nicht sehr beträchtliche Dörfer).

Hier fängt das österreichische Territorium an. Rechts siehet man die

große badische Vogtei Gallenweiler und in der nämlichen Linie, aber etwas entfernter die Ruinen des Schlosses Staufen, welche auf einer Anhöhe stehen. Am Fuße derselben liegt der Ort gleiches Namens; er gehört, wie ich oben schon erinnert habe, dem Gotteshaus St. Blasien. Heitersheim folgt unmittelbar darauf, liegt aber etwas näher an die Chaussee; die Landeshoheit stehet dem Hause Österreich zu.
d. Krotzingen. Der Ort gehöret dem Freiherrn von Pfirdt.
e. Offnadingen, f. Norsingen, g. Scherzingen sind österreichische Ortschaften.

Da fällt man wiederum in das Badische, nämlich in die sogenannte untere Badenweiler Vogteien ein, fährt durch h. Wolfenweiler, i. Leutersberg, siehet links Mengen und Schallstadt, kömmt sofort wieder auf österreichisches Territorium durch k. Wendlingen, l. St. Georgen nach Freiburg.

Die badische Vogtei Haslach liegt links zwischen beiden eben genannten Orten, ganz abgerissen von denen übrigen, zu dem Oberamt Badenweiler gehörigen Ortschaften; ihre Banngrenzen reichen beinahe bis an die Landstraße.

Dem folgenden Morgen traf ich nach einer Abwesenheit von 19 Tägen wieder in Emmendingen ein; allein mein gegenwärtiger Aufenthalt allba wurde gleich den Tag darauf, nämlich dem 4. Oktober durch die Ankunft des Herrn Kammerpräsidenten* aus Karlsruhe unterbrochen. Herr Kammerrat Cancrin, dessen Hauptgeschäfte bei dem Collegio die Bergwerks- und Baugegenstände sind, reiste mit, sowohl um dem von der Bergwerks-Direktion ausgeschriebenen sogenannten Gewerkstage als Bevollmächtigter vonseite fürstlicher Rentkammer und der übrigen Herrn Interessenten beizuwohnen als auch die herrschaftliche Eisenwerker in den Oberämtern Badenweiler und Rötteln zu visitieren.

Der Herr Kammerpräsident bereiset fast jährlich einen Teil der badischen Lande, um seine Lokal-Kenntnisse zu erweitern und sich von verschiedenen Gegenständen nähere, wenigstens zuversichtlichere Aufschlüsse zu erwerben. Dieser äußerte gegen mich, daß ich ihn bis Müllheim begleiten solle, allwo er Herrn Cancrin verlassen und zu Pferde nach Kandern, von bort nach Lörrach ꝛc. gehen werde. Ich nahm dies schmeichelhafte Anerbieten an. Es war ohngefähr 2 Uhr, als wir in den Wagen stiegen; zu Freiburg wechselten

---

* Kammerpräsident Christian Heinrich Freih. v. Gayling zu Altheim; vergl. v. Weech, Bad. Biographien 2, 568. Er befand sich auf einer amtlichen Landesvisitationsreise, wie er sie fast regelmäßig jährlich unternahm; seine offiziellen Berichte darüber vom Jahre 1785 an sind in einem Fascikel des Generallandesarchivs enthalten; einzelne seiner Bemerkungen in dem Bericht von 1785 decken sich ziemlich genau mit denen unseres Berichterstatters; doch stehen bei ihm natürlich mehr die augenblicklich wichtigen praktischen Verwaltungsgesichtspunkte in Vordergrund. Gayling erwähnt in seinen Aufzeichnungen nichts über sein Zusammentreffen mit dem Grafen Galler.

wir die Postpferde und blieben zu Krotzingen bei dem Herrn Propst, von dem ich oben erwähnte, über Nacht. Dem folgenden Morgen fuhren wir nach Müllheim, allwo Herr von Helmreich nebst 2 andern bei der fürstlichen Rentkammer angestellten Accessisten, wovon Herr Präsident den einen und Herr Cancrin den andern als Sekretäre auf dieser Reise brauchten, den Abend vorhero angekommen waren. Wir ritten sammentlich nach Badenweiler, indem der Herr Präsident die römische Bäder allda noch nicht gesehen hatte,* und von dort nach Oberweiler zu dem Herrn Bergwerks-Inspektor. Wir kamen erst mit einbrechender Nacht nach Müllheim zurück, wo wir bei dem Herrn Oberamts-Verweser zu Nacht speisten.

Donnerstag, den 6ten, gegen neun Uhr vormittags schieden wir auseinander. Herr Kammerpräsident und Herr Cancrin ritten nach Kandern, Herr von Helmreich fuhr in der Chaise des erstern und mit desselben Bedienten über Kaltenherberg nach Lörrach, und ich machte mit Extrapost den Weg über Krotzingen und Freiburg nach Emmendingen zurück.

Auf die von dem Herrn von Blittersdorf erhaltene Nachricht, daß er ein paar gute Freunde, nämlich den Herrn Hofrat von Drais und dessen Bruder, den Herrn Oberforstmeister, bei sich erwarte, ritt ich den folgenden Mittag nach Mahlberg, allwo ich mich bis den 10ten morgens aufhielt.

Ich hatte mir schon lange vorgenommen, den Herrn Kammerrat Enderlin, von dem ich oben im Vorbeigehen Erwähnung gethan, zu besuchen und Herr Hofrat von Drais wünschte nicht weniger, diesen verdienstvollen Mann näher kennen zu lernen. Wir machten also diese Tour — nämlich über Ringsheim, Herbolzheim, Kenzingen, Hecklingen, Könbringen, allwo wir den Herrn Superintendenten Sander besuchten und von der nach Emmenbingen führenden Landstraße abwichen — sofort über Theningen, Nimburg und Eichstetten mit einander und kamen gegen Mittag zu Bötzingen an, wo erst erwähnter Herr Kammerrat seit mehrern Jahren auf seinem Gute lebt. Bötzingen ist ein ziemlich großes, zwischen Österreich und Baden gemeinschäftliches Dorf, hat eine angenehme Lage und fruchtbaren Boden. Die Religion bestimmt hier den Unterthanen, das heißt: alle, so der katholischen zugethan sind, werden als österreichische Unterthanen angesehen, und die, welche sich zu der protestantischen bekennen, als badische.

Ich muß hier noch bemerken, daß der nächst dabei gelegene hohe Berg, welcher aller Wahrscheinlichkeit nach seiner erhabenen und ganz ausgezeichneten Lage wegen der Kaiserstuhl genannt wird, in Rücksicht auf die unbeschreiblich weite Aussicht, die man dort genießet, im ganzen Lande als etwas ganz Besonderes bekannt ist, und daß wir also ein sehr großes Verlangen trugen,

---

* Gayling schreibt in seinem Visitationsbericht: „In Badenweiler machte ich noch die Bestellung, daß die Risse von dem Bretterdach über den römischen Bädern, da das Dach in diesem Spätjahr nicht wohl mehr umgedeckt werden kann, sorgfältig ausgefüllt und das Dach so verwahrt werde, daß Regen und Feuchtigkeit nicht durchdringen können."

uns mit eigenen Augen davon zu überzeugen. Es ist nichts Außerordentliches, auf einem hochen Berge von einer, zwei, auch drei Seiten eine schöne Aussicht zu haben, aber auf dem nämlichen Platz, ohne die Stellung des Körpers abzuändern, rings um sich her eine Strecke Landes von mehreren Meilen zu übersehen, ist etwas äußerst Seltenes. Wir scheuten weder die Beschwerlichkeit, einen sehr lettichten, steilen, beinahe 2 Stunden langen Weg zu Fuß zu machen, noch den Regen, der uns drohte und uns auch überfiel. Als wir den Gipfel dieses Berges erreicht hatten und mit gierigem Auge die unter uns liegende Städte, Marktflecken und Dörfer auf einmal übersehen wollten, hinderte uns ein dicker Nebel daran, durch welchen man, wie durch einen Schleier nur einen Teil der etwas näher gelegenen Ortschaften, als Freiburg, Alt- und Neu-Breisach rc. wahrnehmen, aber nicht unterscheiden konnte. Nichtsdestoweniger entschädigte uns schon der Anblick des Rheinstromes, dessen Lauf man von da aus auf mehrere Meilen übersehen kann, der Mühe reichlich. Er läuft beinahe im Zirkel um dieses Gebirge herum und erhebet das mit Städten, Marktflecken, Dörfern und Waldstücken gleichsam besäte Thal ungemein. An diesen Berg schließen sich mehrere andere, etwas niederere an, er ragt aber über alle majestätisch empor und seine Oberfläche hat die Natur zu einem platten Oval formiert, auf welchem wenigstens 50 Personen bequem stehen können.

Im Rückweg führte uns Herr Kammerrat Enberlin, welchem in dortiger Gegend die Forst-Aufsicht zustehet, durch einen von ihm mit Kirschbäumen besetzten jungen Schlag; diese Art von Bäumen kömmt sehr gut fort, giebt dauerhaftes starkes Holz und überdies auch Früchten, wovon Wasser gebrannt und, wie ich oben bemerkt habe, weit verführet wird.

Herr Hofrat von Drais setzte seine vorhabende Reise über Badenweiler und Lörrach nach Basel noch diesen Abend fort, ich aber kehrte erst dem folgenden nach Emmendingen zurück.

Ich ritt den Tag darauf, 12. October, unter Begleitung des Herrn Burgvogts in das sogenannte Prechthal, welches drei Stunden lang ist und aus mehreren einzelnen Bauernhöfen bestehet, die zusammengenommen ohngefähr 300 Seelen fassen; es ist zwischen Baden und Fürstenberg gemeinschaftlich, und jährlich wird von drei beiderseitigen Beamten ein sogenanntes Ruggericht und der Einzug der Gefälle gemeinschäftlich gehalten; diesem Zufall hatte ich das Vergnügen zu danken, den entferntesten Teil des Oberamts Hochberg zu sehen.

Unser Weg ging durch die Landstädtchen Waldkirch und Elzach: jenes gehört zu Vorderösterreich und ist wegen denen allda in Menge etablierten Granatschleifern bekannt; bei 500 Personen von diesem Metier sollen seit ein paar Jahren brodlos seien, weil diese Waren beinahe ganz außer Mode sind; übrigens sind sie so wohlfeil — sie werden zu tausenden und nicht nach dem Gewichte verkauft —, daß es unbegreiflich ist, wie sich vormals so viele Hände davon ernähren konnten. Dieses, nämlich Elzach, liegt an dem Flusse gleiches Namens und gehöret denen Freiherrn von Pfirdt.

Den 13ten abend kehrten wir wieder nach Emmendingen zurück; Herr Geheime Hofrat Schlosser aber, der mehrere Tage zuvor dort zugebracht hatte, verließ uns gegen Mittag.

Der Weg ist durchgehends gut, ob er gleich öfters mit dem reißenden Elzachfluß zu kämpfen hat; er wird von jenen Fuhrleuten, die nach Billingen und so weiters in das Württembergische und Fürstenbergische oder nach dortiger Landsprache, in's Schwaben Wein transportiren, sehr stark gebraucht.

Sonntag, den 16ten, ritt ich nach Thenenbach, einem Cisterzienserkloster, dessen Abt ich schon im abgewichenen Frühjahr in hiesiger Gegend kennen lernte; es liegt in einem tiefen, von Bergen eingeschlossenen Thal und nur eine Meile von Emmendingen. Abends speiste ich bei Herrn Hofrat Vogel, dem Entrepreneur der Wollenspinnerei.

Den 17ten fieng man an verschiedenen Orten dieses Oberamts und unter andern auch in Könbringen, wo ich diesen Nachmittag bei dem Herrn Superintendenten Sander zubrachte, wegen dem die Nacht vorher eingefallenen Reif die sogenannte Vorlese an, obgleich ein großer Teil der Trauben noch unzeitig ware.

Dem 18ten durchging ich mit dem Herrn Burgvogt verschiedene Rechnungen.

Den 19ten speiste ich in Gesellschaft des Freiherrn von Zinck bei dem Herrn Oberforstmeister, welcher uns in seinem Rebberge ländlich bewirtete.

Donnerstag, den 20ten morgens, ritt ich nach Bötzingen zu den öfters erwähnten Herrn Kammerrat Enderlin; er führte mich in seine beträchtliche, größtenteils mit ausländischen Sorten bepflanzte Rebberge, wo man ebenfalls mit der Weinlese beschäftiget ware. Nach der Tafel setzte ich meine Reise über Ihringen — einem großen, zu dem Oberamt Hochberg gehörigen und 1246 Seelen enthaltenden Dorfe — nach Altbreisach fort. Dies war ehedem eine der vortrefflichsten Festungen diesseits des Rheinstroms; sie wurde aber im Jahr 1741 geschleift. Die Stadt ist ziemlich groß, hat einige schöne Gebäude und eine sehr angenehme Lage. Ein Teil derselben ist auf einem Felsen gebauet, welchen man auf mehrere Meilen Wegs siehet. Hier setzte ich samt dem Gaul auf einem zur Überfuhr bestimmten Schiffe über den Rhein, welcher da ein etwas tieferes Bett hat, indem er sowohl von österreichischer als französischer Seite durch faschinades in sehr engen Schranken gehalten wird.

Von dem jenseitigen Ufer bis vor die Thore von Neubreisach braucht man eine starke Stunde; man kömmt auf ein paar hundert Schritte bei dem Fort Mortier vorbei, welcher zwischen hochen Bäumen, wie in einem Hinterhalte versteckt, liegt. Diese Gegend ist ganz eben, aber hat einen schlechten, nämlich größtenteils aus Kies bestehenden Boden.

Von der Festung Neubreisach siehet man, bis man nicht sehr nahe dazu kömmt, nichts, als den Turm der Münsterkirche. Es war ohngefähr sechs Uhr, als ich allda in dem Gasthofe, zum Schlüssel genannt, abstieg.

Den folgenden Morgen mit dem Schlag sieben Uhr trat ich meine vorgehabte Tour um die remparts an; in einer halben Stunde hatte ich sie vollendet und um acht Uhr kehrte ich wieder den nämlichen Weg über Altbreisach nach Bötzingen zurück. Doch! ich habe von Neubreisach noch kein Wort gesagt.

Es ist nach der Aussage der Kunstverständigen eine der regelmäßigsten Festungen, ein Werk des berühmten Vauban. Ludwig XIV. ließ sie nach dem im Jahre 1697 zu Ryswijk geschlossenen Friede zu dem Ende bauen, um die entgegengesetzte österreichische Festung Altbreisach desto besser im Zaum halten zu können. Sie hat durchgehends gut — nach der Linie und meist von gleicher Höhe — gebaute Häuser, einen sehr regulären Platz von erstaunlichem Umfange, der von einer dreifachen Allee von Kastanienbäumen eingeschlossen ist; von der Mitte desselben übersiehet man alle vier Stadttore. Gegenwärtig lagen folgende zwei Regimenter allda in Garnison: nämlich Salm Infanterie und Bouflers Dragons. Ein Offizier vom letztern versicherte mich an der Gasttafel, daß dies eine der unangenehmsten Garnisons in ganz Frankreich seie. Die Stadt enthält — mit Ausschluß des Militärs — vielleicht 3000—4000 Seelen; vom Adel ist außer dem Kommandanten und jeweiligen Stabsoffiziers keine einzige Familie da etabliert; ihre größte Zuflucht sind daher ein paar Kaffeehäuser.

Zu Bötzingen stieg ich abermals bei Herrn Kammerrat Enderlin ab, dem ich es auf den Mittag einzutreffen versprach. Meine Verwunderung war eben so groß als meine Freude, da ich den Herrn Kammerpräsident, welchen ich diesem Abend wohl einigermaßen in Emmendingen, aber keineswegs hier zu sehen vermutete, antraf. Nach der Tafel setzte derselbe seine Reise zu Pferd fort, und ich hatte die ganze Zeit über — wie es die Folge dieses Aufsatzes zeigen wird — bei und um den Herrn Präsidenten zu sein. Wir ritten durch den untern Teil des Dorfs Eichstetten, welches bei 1800 Seelen faßet, besahen allda die herrschaftliche Zehntkelter, Zehntscheuer und umritten die herrschaftliche sogenannte Seewiesen bei Obernimburg. Von jenen sowohl als von diesem muß ich folgendes voraussetzen.

Obernimburg war vor der, in der katholischen Kirche vorgegangenen großen Revolution und der damit verbundenen Säkularisation mehrerer geistlichen Güter ein Kloster; es liegt auf einer kleinen Anhöhe, rings umher war es mit Weiher umgeben, die nach und nach, als sie austrockneten, schlechtes Futter-Kraut gaben. Man dachte auf verschiedene Mittel, diese Matten zu einem bessern Ertrag zu bringen. Herr Kammerrat Enderlin, von dessen viel umfassenden, sowohl theoretischen als praktischen Kenntnissen in der Landwirtschaft man sich mit Grunde einen ausführbaren Vorschlag hiezu versprechen konnte, riet an, dem hie und da stehenden Wasser mittelst Anlegung eines Hauptkanals und mehrerer Nebenkanäle einen Abfluß zu verschaffen und auf andern Plätzen eine schickliche Wasserleitung anzubringen. Er unterzog sich der Ausführung dieses Plans, welchen er auf einem Stück von 30 Jucherten oder 10 800 Quadratruten bereits mit bestem Erfolg ausgeführet hat, und das ganze Geschäfte solle binnen zwei Jahren zustande kommen.

Zum Beweis der Nützlichkeit dieses Unternehmens setze ich noch folgendes bei. Nach einer Berechnung von 10 Jahren solle der Erlös aus dem Futter, welches auf diesem Mattenbezirk gewachsen, im Durchschnitt jährlich 2594 Gulden betragen haben; im abgewichenen Jahr warf er die Summe von 3871 Gulden 30 Kreuzer, also um 1277 Gulden 30 Kreuzer mehr, als vorhero ab.

Man ist vonseite fürstlicher Rentkammer gesonnen, diesen beträchtlichen Mattenbezirk nach beendigter Austrocknung und Wässerungs-Einrichtung entweder zu verkaufen oder an die Unterthanen in den nächst gelegenen Ortschaften stückweise abzugeben. Letzteres würde nach meinem Ermessen zu Aufnahme der Viehzucht vieles beitragen.

In dem vormaligen Kloster-Gebäude zu Obernimburg ist die geistliche Verwaltung der Markgrafschaft Hochberg; die Güter nebst denen dabei liegenden Weinbergen — worin eben heute mit dem Herbsten der Anfang gemacht wurde — sind verpachtet.

Nachdem der Herr Präsident bei dem geistlichen Verwalter die Dienstbücher eingesehen hatte, ritten wir nach Bahlingen, welches ebenfalls zu den größten Dörfern des Oberamts Hochberg gehöret, denn es zählet 1577 Seelen. Außerhalb diesem Orte ist zu Beförderung des Weincommercii ein neuer, etwas näherer Weg nach Theningen ausgestecket, dessen Ausführung damals nur noch auf Entscheidung der Frage, ob und wie viel von der Landskosten-Cassa beigetragen werden wolle, beruhete. In Bahlingen besahen wir die herrschaftliche Zehntscheuer und Zehnttrotte, wo mehrere sogenannte Kelterknechte mit dem Einzug des Wein-Zehntens beschäftiget waren. Die Weinlese, hieß es, solle wider alles Vermuten ganz wohl ausgeben, indessen zweifelte man doch an einer guten Qualität des Weins von diesem Jahrgange.

Die Nacht überfiel uns, und wir eilten daher über Nimburg und Theningen nach Emmendingen, wo die von Serenissimo und einigen anderen Herren Interessenten zum Gewerktage abgeordnete Herrn Commissarii Herr Kammerrat Cancrin und Herr Ökonomie- und Polizeirat Holz nebst Herrn Kammer-Accessist Maler schon auf uns warteten.

Den 22ten frühe ritten wir mit dem Herrn Oberamts-Verweser, Geheimen Hofrat Schlosser über Maleck in das sogenannte Freiamt und zwar zu der im Brettenthal, dem hintern Teil des Freiamts eröffneten Grube, das Silberloh genannt. Beide oben erwähnte Commissarii folgten uns in einer Kutsche. Wir befuhren dieselbe sammentlich; der von Tag aus getriebene Stollen betrug damals schon 109 Lachter in seiner Verzimmerung. In den streichenden Gängen findet man schöne Anbrüche von Blei- und Silber-Erzen, und nach dem allgemeinen Urteil der Kunstverständigen ist zu hoffen, daß diese Grube vor allen andern werde in Freibau gesetzet werden können. Am Eingange des Stollens war eine Setzwasche und ein beträchtlicher Vorrat von Poch-Erzen; davon wurden 50 Zentner zu der bereits im Gang stehenden Schmelze abgeliefert, und nach der vorläufigen Probe solle der Zentner von diesen Erzen 5—6 Lot Silber und 50—60 Pfund Blei halten.

Man sprengte im Hintergrunde dieses Stollens die Erze mit Pulver, da wir uns wirklich noch in der Hälfte desselben befanden; der Schall ware sehr dumpf und glich einem Kanonenschuß, den man in einer Entfernung von einer halben Meile zu hören glaubte, aber die Erschütterung war desto fühlbarer, und die Kompression der Luft so stark, daß fast alle unsere Berglampen auslöschen.

Von da kehrten wir durch den herrschaftlichen sogenannten Steckwald auf das Zechhaus zurück, wo wir unsere Pferde eingestellt hatten. Die Bergwerks-Gesellschaft speiste da zu Mittag, um alsdann die ganz nahe dabei gelegene Grube, Schloßberg genannt, befahren zu können. Der Herr Kammerpräsident, Herr Land-Commissarius von Emmendingen, Herr Kammer-Accessist Volz und ich aber richteten unsern Weg auf das Schloß Hochburg. Da das Kloster Thenenbach nur ein paar tausend Schritte von dem Wege, den wir machten, abgelegen ist, so besuchte der Herr Präsident den Herrn Prälaten auf eine kleine halbe Stunde.

Von dem Kammergut Hochburg habe ich oben erwähnet. Hier will ich nur folgendes beifügen. Die Beständer desselben sollen unter die besten Landwirte in dortiger Gegend gehören; ihre diesjährige Anblümung bestund in 58 Juch Winterfrüchten, 48 Juch Sommerfrüchten, 7$^{1}/_{2}$ Juch Hanf und Reps, 6 Juch Erdäpfel und 4$^{1}/_{2}$ Juch Klee. Sie geben sich vorzüglich mit der Viehzucht ab; daraus und aus dem Haber-Erlös bezahlen sie gewöhnlich ihren jährlichen Pacht. Gegenwärtig haben sie an Vieh eingestellet: 14 Pferde, 58 Stück Rindvieh, 43 Stück Schafe und 25 Stück Schweine.

Das am Fuße des Schloßbergs angelegte Schmelzwerk war wirklich im Betrieb.

Nachdem der Herr Präsident dies alles in Augenschein genommen hatte, kehrten wir durch das Sexauer Thal längst dem herrschaftlichen Horwald über die sogenannte Lerchenstraße — welche auch nach Waldkirch und in das Prechthal führet — nach Emmendingen zurück.

Sonntag, den 23ten, wohnte ich nebst dem Herrn Präsident in Emmendingen dem Gottesdienst bei, und wir fuhren nach dessen Vollendung nach

Riegel zu der Frau Prinzeſſin Eliſabeth von Baden, Hochfürſtl. Durchlaucht. Abends nach unſerer Zurückkunft gieng der Herr Präſident in die Burgvogtei, um von der Dienſtführung des Burgvogts einige Einſicht zu nehmen.

Dem 24ten morgens ritt ich nach Freiburg, wo ich noch einige Kommiſſionen in Ordnung zu bringen hatte, traf aber mit dem Schlag 12 Uhr auf dem Steckenhof bei dem Herrn Oberforſtmeiſter ein, wo wir ſammentlich zu Mittag ſpeiſten. Nach Tiſche ritten wir durch Denzlingen nach Börſtetten und Schupfholz, von da über das öſterreichiſche Dorf Holzhauſen nach Bottingen und kamen ſofort durch einen Teil des großen ſogenannten Theninger Waldes ganz ſpät nach Emmendingen zurück. Ueberall erwarteten die Ortsvorgeſetzte den Herrn Präſidenten an der Grenze ihres Banns, teils zu Pferd, teils zu Fuße und begleiteten ihn durch denſelben. Der Herr Präſident beſprach ſich mit ihnen über verſchiedene Gegenſtände und erkundigte ſich ſorgfältig um den gegenwärtigen Zuſtand ihrer Gemeinde.

Den 25ten vormittag unterſuchte der Herr Präſident die Dienſtbücher bei dem Herrn Einnehmer und ließ ſich ſodann auf den herrſchaftlichen Speicher und in den Keller führen. Von jenem bemerke ich folgendes. Er wurde dem Sommer über, wo ſich der weiße Wurm in den Fruchthäufen in großer Menge einniſtet, ziemlich geleeret. Mit dem wenigen Vorrat, in welchem erwähntes Inſekt ſich gleichmäßig häufig eingefunden hatte, machte der Herr Burgvogt den, von fürſtlicher Rentkammer zur Vertilgung deſſelben anbefohlenen Verſuch, der kürzlich in dieſem beſtehet. Er ließ den Fruchthaufen mit groben leinenen Tüchern, durch deren Gewebe die Würmer leicht durchbringen können, bedecken; dieſe ſetzten ſich auf denen Tüchern an, die täglich 2—3 mal in dem Vorhofe abgeſchüttelt werden. Unter allen bisher vorgeſchlagenen Mitteln ſcheinet dieſes das ſicherſte und leichteſte zu ſein; überdies wurden die Pfoſten und Wände des Speichers mehrmals mit Kalk überſtrichen, indem der Geruch deſſelben dem Wurm widerſtehen ſolle, und überhaupts ſorgte man möglichſt dafür, daß von erwähntem Ungeziefer nichts zurückbliebe, ſich aufs neue einſpinnen und fortpflanzen könne.

Von da begab ſich der Herr Präſident zu Herrn Hofrat Vogel, um die Baumwollen-Spinnerei und Weberei zu ſehen. Unter benen 49 dabei beſchäftigten Kindern hatten es mehrere zu einer beſonderen Feinheit im Spinnen gebracht; doch es würde zu weitläufig ſein, hier mehreres davon zu erwähnen, nur muß ich noch bemerken, daß Herr Hofrat Vogel ſeit einiger Zeit einen Mann bei ſich habe, der eine Maſchine verfertiget, womit eine einzige Perſon 30mal ſo viel, als auf die gewöhnliche Art, ſpinnen kann.

Zu Mittag ſpeiſten wir ſammentlich bei dem Herrn Oberamtsverweſer, Geheimen Hofrat Schloſſer. Gegen Abend kam der Normal-Schullehrer Keller von Freiburg, um dem Herrn Präſident ein Modell von einer beſondern Fruchtbarre vorzuweiſen; allein Sereniſſimus hatten ſchon die Errichtung einer ähnlichen Maschine, die ein gewisser Anton Sander, Schreiner in Freiburg in der Schweiz, erfunden hatte, in Lörrach verwilliget und anbefohlen.

Mitwoch, den 26ten, morgens besichtigte der Herr Präsident die Gefängnisse, nahm von der Oberamts-Registratur einige Einsicht, besuchte sofort den Herrn Stadtpfarrer und frühstückte bei dem Herrn Burgvogt. Gegen eilf Uhr verließen wir die Stadt Emmendingen und trafen abends 6 Uhr in Mahlberg ein, nachdem wir folgende große Umwege gemacht hatten. Wir ritten nämlich von Emmendingen über Mundingen und Landeck — wo wir auf die Trümmer eines alten Schlosses stiegen, um von da nochmals die Gegend zu übersehen — durch den österreichischen Ort Heimbach nach Malterdingen, allwo ein starkes Hanf-Commercium ist und zu Gunsten desselben wochentlich ein Markt gehalten wird, der viele Leute herbeiziehet. Mundingen nährt sich größtenteils von der Krautpflanzung, welches Produkt von da sehr weit verführt wird.

Der Herr Oberforstmeister und Herr Burgvogt begleiteten uns von Emmendingen bis Malterdingen. Wir setzten von da unsern Weg über den österreichischen Ort Bombach, den württembergischen Ort Nordweil und den gleichmäßig österreichischen Ort Bleichheim nach Broggingen und sodann über den Berg nach Tutschfelden und Wagenstadt fort. Broggingen und Tutschfelden gehören noch zu dem Oberamt Hochberg, ob sie gleich ziemlich davon entlegen sind, Wagenstadt aber nach Mahlberg. Hier, nämlich zu Wagenstadt verabschiedete sich der Herr Landcommissarius aus Emmendingen, der uns diesen weiten Weg über begleitet hatte.

Einige hundert Schritte außer dem oben erwähnten Dorfe kamen wir auf die Landstraße, die über Herbolzheim und Ringsheim nach Mahlberg führet.

Der Herr Präsident und Herr Kammeraccessist Volz logierten in dem Schlosse bei dem Herrn Landvogt, ich aber stieg bei dem Herrn von Blittersdorf ab.

Dem folgenden Morgen begab sich der Herr Präsident in die Landschreiberei, ließ sich die Rechnungen samt Journal und Manualien vorlegen, welches er sofort auch bei dem geistlichen Herrn Verwalter that. Zu Mittag speisten wir sammentlich bei dem Herrn Landvogt, wo ich das Vergnügen hatte, den Herrn von Türckheim, Ammeister in Straßburg und Besitzer des ganz nahe bei Mahlberg liegenden Guts Altdorf wieder zu sehen

Den 28ten vormittag fuhr der Herr Präsident mit dem Herrn Landvogt über Friesenheim und einige andere zu dem Oberamt Mahlberg gehörige Dorfschaften nach Nonnenweier, allwo sie sich mehrere Tage aufhielten; ich blieb in Mahlberg bei meinem Freund Blittersdorf zurück und fuhr mit demselben erst Sonntag, den 30ten, nachmittag dahin, um sowohl denen Freiherrn von Rathsamhausen, Besitzern dieses ritterschaftlichen Guts als auch der Gemahlin des Herrn Präsidenten, die ein paar Tage von Karlsruhe dort hinkam, aufzuwarten. Von da machten wir mit der übrigen Gesellschaft einen Spaziergang nach Ottenheim zu dem katholischen Herrn Pfarrer und kehrten gegen Abend wieder nach Mahlberg zurück.

Dem folgenden Abend, 31. Oktober, traf Herr von Helmreich, der wider mein Vermuten von St. Blasien aus eine Tour über Schaffhausen, Konstanz, Meersburg, Winterthur, Zürich, Baden, sodann zurück über Basel nach Lörrach, Müllheim und Freiburg machte, auch in Mahlberg ein, da er in Emmendingen meinen dasigen Aufenthalt erfuhr.

Mit diesem ritt ich den 1. November nach der Tafel nach Lahr, und wir würden schon den folgenden Tag unsere Rückreise nach Karlsruhe angetreten haben, wenn nicht der Landvogt, der die ganze Gesellschaft in Nonnenweier auf den Mittag bei sich erwartete, uns auch dazu gebeten hätte.

Den dritten November morgens um sechs reisten wir von Mahlberg ab; zu Offenburg nahmen wir Postpferde und bis Karlsruhe den nämlichen Weg, den ich auf meiner Hinreise gemacht und auf der ersten Seite gegenwärtigen Aufsatzes bezeichnet hatte.

Ich habe also außer folgendem nichts dabei zu bemerken. Der Fürstbischof von Straßburg, Kardinal de Rohan, hat während meinem Aufenthalte in den Oberlanden sein schon lang bekanntes Vorhaben ausgeführet und bei Sasbach dem Marschall Turenne ein den Verdiensten dieses großen Feldherrns angemesseneres Denkmal setzen lassen; es stehet an der Seite des in gegenwärtigem Aufsatze S. 3 beschriebenen Monument und stellet eine, ohngefähr 60—70 Schuhe hohe Pyramide von dunkelgrauem Marmor vor. Es war noch nicht alles fertig, und ich weiß demnach nicht, ob selbe wohl mit einer Inschrift verzieret werden wird. Das dabei stehende Gebäude, welches oben erwähnter Fürst schon vor ein paar Jahren aufführen ließ und zur Wohnung für einen Invalide bestimmte, wird nun gegenwärtig wirklich von einem solchen Mann benutzet.

Durch das dem ganzen Tag hindurch anhaltende Regenwetter wurden die Wege etwas schlechter und dies verursachte, daß wir erst um 10 Uhr nachts in Karlsruhe eintrafen.

Auf diese Art habe ich eine Reise zurückgelegt, die mir in mehrfachem Betracht, vorzüglich aber in der Rücksicht ungemein viel Vergnügen schaffte, weil ich Gelegenheit fand, mit manchem verdienstvollen Mann bekannt zu werden; auch glaube ich — ohne jedoch der Bescheidenheit nahe zu treten — dieselbe nach Kräften und Umständen benutzet zu haben.

Von dem Endzweck dieser Reise, dessen ich vielmehr im Anfang gegenwärtigen Aufsatzes hätte erwähnen sollen, bemerke ich kurz folgendes.

Er ging vorzüglich dahin:

a. Den beträchtlichsten, wenigstens den gesegnetsten Teil der badischen Lande näher kennen zu lernen.

b. Die Verfassung auf dem Lande einzusehen, um selbe
c. mit jener bei denen Collegiis vergleichen zu können.

Und nun noch ein paar Worte von den Ausgaben, die mir diese Reise verursachte. Einem Kameralisten, denke ich, wird man es zu gute halten, wenn er eine Reiserelation mit dem Verzeichnis der Auslagen beschließet.*

Karlsruhe, dem 14ten April 1786.

Graf von Galler.

---

* Diese Kostenberechnung, auf 262 Gulden 57 Kreuzer sich belaufend, braucht hier nicht im Detail mitgeteilet zu werden

Orts- und Personen-Verzeichnis.

Achern, Stadt, 3.
Affenthaler Wein, 4.
Alb, Fluß, 44.
Altbreisach 29. 42. 74. 75. 76.
Altdorf, Gut, B.-A. Emmendingen, 20. 21
Althann, Graf von, K. K. Geh. Kammerherr, 42.
Altinger Eisenstolle, B.-A. Müllheim, 51
Appenweier, B.-A. Offenburg, 3. 4. 21.
Azenbach, B.-A. Schönau i. B., 49.
Auersperg, Graf von, k. k. General, 42.
Axter, von, Landvogt, 4.

Baden, Louis, Markgraf v., 1.
—, Ludwig, Markgraf von, 2.
—, Wilhelm Ludwig, Prinz von, 1.
—, Elisabeth, Prinzessin von, 42. 78.
—, Stadt, 2. 3. 81.
Badenweiler, Herrschaft, 1. 43. 49. 50. 53. 54. 65—72.
—, Stadt, 69. 70. 72. 74.
—, Schloß, 70.
Bahlingen, B.-A. Emmendingen, 77.
Basel, Stadt, 3. 5. 49. 53. 58. 59. 60. 61. 62. 63. 64. 70. 74. 81.
—, Kanton, 50. 61.
Baumann, von, Landsyndicus, 41. 43. 71.
Bender, General von, 23.

Berckheim, Freiherr von, Geh.-Rat, Landvogt zu Lörrach, 59.
Bernau, B.-A. St. Blasien, 49.
Bickesheim, B.-A. Rastatt, 1.
Binz, Bankier, 63.
Bietingen (Bietigheim), B.-A. Rastatt, 1.
Binzen, B.-A. Lörrach, 64.
Blauen, Der, 70.
Bleichheim, B.-A. Emmendingen, 80.
Bleffig, Professor, 20.
Blittersdorf, Freiherr von, 4. 5. 15. 16. 25. 27. 73. 80. Vgl. Polit. Korresp. Karl Friedrichs von Baden 1,390 Anm. 2.
Blumegg zu Ewattingen und Oberried, Reichsherrschaft, 46.
Bötzingen, B.-A. Emmendingen, 32. 35. 73. 75. 76.
Bombach, B.-A. Emmendingen, 80.
Bonndorf, Grafschaft, 46.
Brandenburg, von, 46.
Breisgau, Der, 27. 41.
Bottingen, B.-A. Emmendingen, 79.
Breg, Dorf, B.-A. Furtwangen, 49.
Brettenthal, B.-A. Emmendingen, 78.
Britzingen, B.-A. Müllheim, 70.
Broggingen, B.-A. Emmendingen, 80.
Brombach, B.-A. Lörrach, 50.

Bühl, 3. 21.
Buggingen, B.-A. Müllheim, 70. 71.

Cancrin, Kammerrat, 72. 73. 77.

Denzlingen, B.-A. Emmendingen, 41. 79.
Dinglingen, B.-A. Lahr, 5.
Drais, Freiherr von, Hofrat, 73. 74. Vgl. von Weech, Bad. Biogr. 1,194 ff.
Drais, Freiherr von, Oberforstmeister, 73. Vgl. von Weech, Bad. Biogr. 1,196.
Dreisam, Fluß, 41.
Dresselbach, B.-A. St. Blasien, 46.
Durlach, 4.
Durlacher Simri, 15.
Durmersheim, B.-A. Rast., 1.

Eberstein, Grafschaft, 2.
Ebnet, B.-A. Freiburg, 44.
Efringen, B.-A. Lörrach, 52.
Eichstetten, B.-A. Emmendingen, 73. 76.
Eimeldingen, B.-A. Lörrach, 64.
Elz, Fluß, 36.
Elzach, Dorf (B.-A. Waldkirch) und Fluß, 74.
Emmendingen, 5. 27. 33. 35. 36. 37. 39. 40. 41. 42. 43. 61. 62. 65. 72. 73. 75. 76. 77. 78. 80.
Enderlin, Kammerrat, 32. 58. 64. 74. 76.

Endingen, B.-A. Emmenbingen, 37.
Erasmus Rotterdamus, 63.
Ettenheim, Oberamt, 21. 23.
—, Stadt, 21.
Ettenheimmünster, Benediktinerkloster, B.-A. Ettenheim, 21.
Ettlingen, Amt, 1.
Ewattingen, f. Blumegg.

Fahrnau, B.-A. Schopfh., 49.
Fallensteig, Schloß, B.-A. Freiburg, 45.
Fautenbach, B. A. Achern, 3.
Fischingen, B.:A. Lörrach, 59.
Fitsch, 64.
Freiburg, 3. 5. 23. 30. 37. 39. 41. 42. 43. 44. 45. 46. 66. 71. 72. 73. 74. 79. 81
—, Baslerthor zu, 44.
—, Kartause, 44.
Friesenheim, B.-A. Lahr, 4. 25. 80.
Frommel, Pfarrer, 67.

Gallenweiler (B. A Staufen), Vogtei, 72.
Gahling, Frhr von, Kammerpräsident, 60. 67. 72. 73. 76. 77. 78 f. 80. Vgl. von Weech, Bad. Biogr. 2,558.
Gengenbach, B.-A. Offenburg, 22.
Gmelin, 69. Vgl. von Weech, Bad. Biogr. 1,907 f.
Grafenhausen, B.-A. Ettenheim, 23.
Grenzach, B.:A. Lörrach, 52. 58. 60.
Grünwinkel, B.-A. Karlsruhe, 1.
Gschwend, B.-A. Triberg, 49.
Gundelfingen, B.:A. Freiburg, 41.
Gündenhausen, B.-A. Schopfheim, 50.
Gurtweil (B.-A. Waldshut), Reichsherrschaft, 46.
Gutenburg, (B.-A. Bonndorf), Reichsherrschaft, 46.

Haas, Stabtmajor in Basel, 61.
Hahn, Kammerkekretär, 1.
Haller, von, 46.
Haltingen, B.-A. Lörrach, 52.
Harrant, von, Oberst und Kommandant, 3.
Haslach (B.:A. Wolfach), Vogtei, 72.
Hauingen, B.-A. Lörrach, 59.
Hausen, B.-A. Schopfheim, 49. 51. 53. 58. 60.
Hecklingen, Dorf und Schloß, B.-A. Emmendingen, 27. 73.
Heimbach, B.-A. Emmenbingen, 80.
Heitersheim, B.-A. Staufen, 67. 71. 72.
Helmreich, von, 72. 78. 80
Henning, Graf von, 27.
Herbolzheim, B.-A. Emmenbingen, 27. 73. 81.
Himmelreich, Gegend im B.-A. Freiburg, 44. 45.
Hochberg, Diöcese, 38.
—, Markgrafschaft (Oberamt), 1. 27–53. 55. 60 74. 75. 77. 80.
—, Oberforstamt, 69.
Hochburg, Schloß, 39. 78
Hölle, Posthaus, B.:A. Freiburg, 45.
Holbein, Maler, 63. Vgl. Allgemeine Deutsche Biogr. 12,713 ff.
Holz, Polizeirat, 77.
Holzhausen, B.-A. Emmenbingen, 79.
Horwald bei Segau, B.-A. Emmenbingen, 78.
Hügelheim, B.-A. Müllheim, 70. 71.
Hüningen im Elfaß, 61.
Hugo, Amtmann, 16.

Jackmin (Schalkmin), Baronne de, geb Gräfin b' Überacker von Mühldorf, 42.
Jakobi, Joh. Georg, Professor, 42. Vgl. von Weech, Bad. Biogr. 1,419 ff.
Jhringen, B.:A. Breisach, 75.

Lichtenau, B.-A. Kehl, 3.
Lörrach, Stadt, 50. 51. 53.
54. 56. f. 59. 60. 61. 62.
64. 65. 72 73. 74. 80. 81.
Lepbeck, Gebrüder, 21.

Märkt, P.-A. Lörrach, 64.
Mahlberg, Herrschaft (Oberamt), 1. 5—27. 37. 43. 44.
52. 55. 80.
—, Oberforstamt, 15.
—, Stadt und Schloß, 4. 5.
6. 13. 17. 19 20. 21. 23.
24. 25. 27. 80. 81.
Maleck, B.-A. Emmendingen, 77.
Maler, Oberamtsassessor, 59.
60. 77.
Malterdingen, B. A. Emmendingen, 31. 80.
Mambach, B.-A. Schönau, 49.
Markgräfler-Oberländer Wein, 52.
Maulburg, B.-A. Schopfheim, 50.
Mechel, Christian von, 62. 63. 64.
Meersburg, B.-A. Überlingen, 81.
Meier, Geh. Hofrat, Kammerprokurator, 60
Mengen, B.-A. Freiburg, 72.
Meyer, Stadtmeister zu Offenburg, 4.
Mühlburg a. d. Alb, B.-A. Karlsruhe, 1.
Mühlhausen i. d. Schweiz, 56. 57. 61.
Müller, protestant. Pfarrer zu Friesenheim, 25.
Müllheim, Stadt, 68. 69. 70. 71. 72. 73. 81.
Mundingen, B.-A. Emmendingen, 80.
Murg, Fluß, 2.

Neubreisach i. Elsaß, 73. 75.
Neudorf (Village-neuf) im Elsaß, 61.
Neuenburg, (B.-A. Müllheim), Amt, 44.

Neugart, Trudpertus, 46.
Vgl. Allg. Deutsche Biogr.
23,492 ff.
Niederschopfheim, B.-A. Offenburg, 4.
Nimburg, s. Obernimburg.
Nonnenweier, B.-A. Lahr, 25. 80.
Nordweil, B.-A. Emmendingen, 80.
Norsingen, B.-A. Staufen, 72.

Oberkirch, Oberamt, 21.
Obernimburg (Nimburg), B.-A. Emmendingen, 73. 76f
Oberried, s. Blumegg.
Oberschopfheim, B.-A. Lahr, 24.
Oberweier, B.-A. Lahr, 24.
Oberweiler, B.-A. Müllheim, 51. 69. 70. 72.
Oensbach, B.-A. Achern, 3.
Offenburg, Stadt, 3. 4. 22. 81.
Offnadingen, B.-A. Staufen, 72.
Oos, B.-A. Baden, 3.
Ortenau, Die, Landschaft, 15.
Ottenheim, B.-A. Lahr, 81.
Ottersweier, B.-A. Bühl, 3.

Pfirdt, Freiherr von, 45. 72. 75.
Prechthal, B.-A. Waldkirch, 35. 74. 78.
Preußen, Heinrich Prinz von, 39.

Raimundus, cardinalis et episcopus Gurcensis († 1505) 48.
Rastatt, Stadt, 1. 2. 27. 62.
—, Badener Thor zu, 2.
Rastatter Heide, 1.
Rastatt, Oberamt, 1.
Rathsamhausen, Freiherrn von, Brüder, 25. 80.
Rechbach, Baronne de, Hofdame, 42.
Reinach, Freiherr von, Großprior der Malteser, 21.
Reineck, von, Schultheiß zu Offenburg, 4.

Reinhard, Hofrat, 60. 61. 64.
Vgl. Polit. Korrespondenz
Karl Friedrichs 1, 391
Anm. 1.
Renchen, B.-A. Achern, 3.
Rhein, Der, 2. 12. 23 24. 25.
36. 50 58. 60. 61 65.
74. 75.
Rheinfelden, B-A. Säckingen, 44.
Richener, Lieutenant-Colonel de Berne, 62.
Ried, von, General, 4.
Rieblingen, B.-A. Lörrach, 59.
Riegel, B.-A. Emmendingen, 42. 79.
Riehen b. Basel in der Schweiz, 61.
Ringsheim, B.-A. Ettenheim, 27. 73. 80.
Rötteln, Herrschaft, 1. 43. 50—65.
—, Schloß, 50 61.
—, Oberamt, 50. 52 54 55. 56. 58. 59. 72.
—, Oberforstamt, 69.
Rohan, de, Kardinal, Bischof von Straßburg, 21. 23 61.

Säckingen, Stadt, 44.
St. Blasien, 43 45. 46ff. 49. 62. 71. 72. 81.
St. Georgen, B.-A. Villingen, 72.
St. Ilgen, B.-A. Müllheim, 70.
St. Landolini-Bad, B.-A. Ettenheim, 22.
Saig, B.-A. Neustadt, 45.
Saint-Louis (St. Ludwig), Dorf im Elsaß, 61.
Sander, Anton, Schreiner, 79.
—, Superintendent und Kirchenrat, 32. 37. 38. 40. 73. 75. Vgl. von Weech, Bad. Biogr. 2, 230 ff.
—, Oberamts-Assessor, 37. 40.
Sandweier, B.-A. Baden, 3.
Sarazin, 63.
Sasbach, B.-A. Breisach, 3. 81.

— 86 —

Saufenberg, B.-A. Müllheim, Herrschaft, 1. 43. 49. 50—65.
—, Landgrafschaft, 53. 59. 60. 65.
Sausenburg, Schloß, 65.
Sausenhardter Sinn (Aich), 59.
Schallstadt, B.-A. Freiburg, 72.
Scherzingen, B.-A. Freiburg, 72.
Schlaff, Gebrüder, 2. Bgl. Rebenius-Weech, Karl Friedrich v. Baden (Karlsr. 1868) S. 153.
Schliengen, B.-A. Müllheim, 51.
Schloßberg (B.-A. Emmendingen), Grube, 78.
Schlosser, Joh. Georg, Geh. Hofrat, Oberamtsverweser, 32. 35. 37. 39. 42. 46. 61. 74. 77. 79. Bgl. Polit. Korresp. Karl Friedrichs v. Baden 1,31 f.
Schönau i. W., Stadt, 49.
Schopfheim, Stadt, 49. 50. 51. 58. 59.
Schupfholz, B.-A. Emmendingen, 79.
Schuttern (B.-A. Lahr), Benediktinerabtei, 5. 22.
Schwarzenberg, Fürst von, 42.
Schwarzer Bär, Wirtshaus i. Höllenthal, B.-A. Freiburg, 45.
Schwarzwald, Der, 2. 13. 28. 44. 50.
Seebruck, B.-A. St. Blasien, 46. 48.
Seefelden, B.-A. Müllheim, 71.
Serauer Thal, im B.-A. Emmendingen, 78.
Sieber, Abbé, 41.
Silbermann, Orgelbauer in Straßburg, 22. 47.
Singheim, B.-A. Baden, 3.
Stähelin, Balthasar, 63.

Staufen, Grafschaft 46.
—, Stadt, 71. 72.
—, Schloß, 72.
Staufenberg, Amt, in der Ortenau, 15.
Steckenhof, Gut bei Emmendingen, 40. 79.
Steckwald im B.-A. Emmendingen, 78.
Steinbach, B.-A. Bühl, 3. 4.
Steinen, B.-A. Lörrach, 50.
Steinmauern, B.-A. Rastatt, 2.
Sternberg, Gut bei Friesenheim, B.-A. Lahr, 24.
Stetten, B.-A. Lörrach, 64.
—, Freiherr von, Oberforstmeister, 69.
Stollhofen, B.-A. Rastatt, 3.
Straßburg, Stadt, 2. 3. 4. 7. 13. 22. 35. 41. 70.
Sulz, B.-A. Lahr, 7. 23.
Sulzburg, B.-A. Müllheim, 68. 70.

Tegernau (B.-A. Schopfheim), Vogtei, 56.
Teufel, Freiherr von, Oberforstmeister, 40.
Thenenbach, Kloster, B.-A Emmendingen, 74. 78.
Theningen, B.-A. Emmendingen, 31. 73. 77. 79.
Thumringen, B.-A Lörrach, 64.
Thurn und Taxis, Fürst von, 4.
Titisee, B.-A. Neustadt, 45.
Todtnau, B.-A. Schönau, 49.
Tüllingen, B.-A. Lörrach, 52.
Turenne, Marschall, 3. 81.
Türckheim, von, Ammeister, 20. 25. Bgl. Rathgeber, Elsäss. Geschichtsbilder (Basel 1886) S. 185 ff.
Tutschfelden, B.-A. Emmendingen, 80.

Unter der Steig, Wirtshaus im Höllenthal, 45.
Ussermann, P., 48.
Utzenfeld, B.-A. Schönau, 49.

Vauban, französ. Festungs-Ingenieur, 76.
Villingen, Stadt, 75.
Vörstetten, B.-A. Emmendingen, 79.
Vogel, Hofrat, 40. 75. 79.
Volz, Kammeraccessist, 78. 80. Bgl. von Weech, Bad. Biogr. 2,414 ff.

Wagenstadt, B.-A. Emmendingen, 80.
Waldkirch, Stadt, 74. 78.
Waldsee, Graf von, 41.
Waldshut, Stadt, 44.
Wasser, B.-A. Emmendingen, 41.
Weil, B.-A. Lörrach, 52.
Wendlingen, B.-A. Freiburg, 72.
Wiese, Fluß, 49. 50. 52. 58.
Wiesenthal, 50. 61.
Wittenweier, B.-A. Lahr, 24.
Wolfenweiler, B.-A. Freiburg, 72.

Zähringen, Burg und Dorf, B.-A. Freiburg, 41.
Zarten, B.-A. Freiburg, 44.
Zehender de Beauregard, Citoyen de Berne, 62.
Zell i. W., B.-A. Schönau, 49.
Zimmern, B.-A. Offenburg, 3.
Zinck, Freiherr von, 39. 40. 75.
Zunzingen, B.-A. Müllheim, 70.
Zurzach, im schweiz. Kanton Aargau, 45.